Mit *Découvertes Cadet* ins zweite Französisch-Jahr!

Französisch mit Methode

In Band 1 von Découvertes Cadet *hast du viele **Lerntipps und Strategien** für das Sprachenlernen kennen gelernt. Welche davon hast du bisher benutzt? Welche willst du in Zukunft mal ausprobieren? Kreuze an! Schreibe dann auf, mit welcher Strategie du bisher am besten zurecht kommst.*

Lerntipps und Strategien	Schon ausprobiert	Werde ich noch ausprobieren!
Neue Vokabeln **schreiben** und schwierige Stellen mit **Farbe** markieren oder dazu etwas **zeichnen**.		
Alle Wörter zu einem Thema in einem **Vokabelnetz** sammeln.		
Mit **Gegensatzpaaren**, **Eselsbrücken** und **Reimen** lernen.		
Mit dem Schülerbuch **selbstständig** arbeiten und **üben**.		
Meine geschriebenen Texte **überprüfen**, um Fehler zu **vermeiden**.		
Mir helfen, um Gespräche und Hörtexte **leichter** zu **verstehen**.		
Reagieren, wenn ich **ein Wort** nicht finde oder etwas **nicht verstehe**.		

Meine Erfolgsstrategie:

Wenn ich neue Vokabeln lernen will, dann

Wegweiser

 Der Delfin weist auf einen speziellen Übungstyp hin, mit dem du dich auf die DELF-Prüfung vorbereiten kannst.

 Tandembögen: Sie werden in der Mitte gefaltet. Du bearbeitest die Bögen gemeinsam mit deiner Sitznachbarin/deinem Sitznachbarn. Ihr kontrolliert euch gegenseitig.

 Hier arbeitest du in der Regel mit deinem Sitznachbarn zusammen.

 Bei diesen Aufgaben arbeitest du im Team mit drei bis maximal fünf Klassenkameraden zusammen.

 ¹,²... Die mit kleinen Ziffern versehenen Wörter werden in einer Fußnote erklärt.

 In Aufgaben mit diesem Symbol entstehen Produkte, die du in deinem Französisch-Portfolio-Ordner sammeln kannst.

 Das Symbol weist darauf hin, dass der Text auf der Schüler-CD ist.

 G Die bei den Übungen genannten G-Nummern verweisen auf das Grammatische Beiheft.

 ⟨ ⟩ Dieses Zeichen und die grüne Farbe weisen fakultative Übungen bzw. Übungsteile aus.

 → Dieser Pfeil gibt an, an welcher Stelle im Unterricht diese Übung eingesetzt werden kann.

 ▶▶ Die Übung wird auf der folgenden Seite fortgesetzt.

 Diese Aufgaben sind zur Wiederholung von bereits gelerntem Stoff gedacht: eine gute Möglichkeit, deine Kenntnisse zu testen.

LEÇON 1

Vacances en Ardèche

1 Qu'est-ce qu'ils font pendant les vacances? → *nach SB, S. 11*

Regardez les images. Faites des phrases dans votre cahier.

Exemple:
1. Frank **va au** centre de vacances. Là-bas, il fait **de l'**escalade.

> Attention: on dit «Je joue **de la** flûte» (Instrument), mais «Je joue **aux** boules» (Spiel)!

aller à /au /à la /à l' /aux …
aller chez …

faire du/de la/de l' /des …
jouer au/à la/à l' /aux …
jouer du/de la/de l' …

1 Frank

2 Adrien, Bruno et leurs parents

3 Isabelle et Christian

4 Malika

5 mamie Lili

2 **Dans le train** (G 1) → *nach SB, S. 11*

Regardez les dessins et complétez avec les formes correctes des verbes attendre, répondre *et* perdre.

Julien: 1. Salut! Vous _attendez_ le train?

Mais … vous ne _répondez_ pas?

Le moniteur: 2. Ah! Enfin, tu arrives! Avec toi,

nous _attendons_ toujours!

3. Les enfants ne _perdent_ pas de temps.

4. Les trains n'_attendent_ jamais!

5. Julien monte vite dans le train, mais … il

perd quelque chose.

6. *Le contrôleur[1]:* Bonjour, les enfants!

   J'_attends_ vos billets[2]!

Le moniteur: 7. Julien, qu'est-ce que tu

   attends ? _Réponds_ !

8. *Julien:* C'est bizarre … mon billet n'est plus là!

   Pardon, mais je _perds_ souvent

   des choses.

Le moniteur: 9. Quoi!? Mais Julien, un jour, tu vas peut-être

   aussi _perdre_ ta tête[3]!

A Un coup de téléphone

3 **L'e-mail d'Estelle** → *nach SB S. 12, Abschn. 2*

Estelle écrit un e-mail à sa copine Sophie.

a *Travaillez à deux. Trouvez les mots.*

ibes	ondrép	tevênemst	apsym	ngache	ogirle

omtpec	dôler	ttenads	êtbe	ids	spuide	opèrblem

b *Complétez l'e-mail d'Estelle avec les mots trouvés.*

Salut Sophie!

_D e p u i s_ mon arrivée au centre de vacances, je ne _r i g o l e_ pas beaucoup.

J'ai un _p r o b l è m e_ avec les filles de ma chambre. Elles ne sont pas comme moi,

surtout Léa: elle est _b ê t e_. Elle aime faire la _b i s e_ aux moniteurs et

elle _c h a n g e_ toujours de _v ê t e m e n t s_. Elle n'est pas _s y m p a_

avec moi. Souvent, je _d i s_ quelque chose et elle ne _r é p o n d_ pas! Tu sais,

ici ce n'est pas _d r ô l e_. Je _c o m p t e_ les jours.

J'_a t t e n d s_ ton e-mail. ☺

Estelle

---

1 un contrôleur ein Kontrolleur – **2 un billet** [ɛ̃bijɛ] eine Fahrkarte – **3 la tête** der Kopf

4 **Le verbe *dire*** (G 2)   → *vor SB Ü4, S. 14*

a *Trouvez et écrivez les formes du verbe* dire.

e	d	d	i	s	d	o
d	i	t	e	s	i	t
i	t	i	z	e	s	i
e	s	d	i	s	o	s
s	d	i	s	e	n	t
i	z	n	e	i	s	s

je _dis_____.

tu _dis_____.

il _dit_____.

nous _disons_____.

vous _dites_____.

ils _disent_____.

b *Lisez le poème et complétez avec les formes de* dire.

Le matin, les copains _disent_____:
«Les filles, nous voulons une bise!»
Ils ne sont pas drôles, les garçons!

Alors nous, les filles, nous _disons_____:

«Quoi! Mais qu'est-ce que vous _dites_____?
Vous parlez toujours trop vite!»

 c *Ecrivez un poème pour votre dossier portfolio avec les autres formes du verbe* dire *(je, tu, il/elle/on). Vous pouvez aussi utiliser les mots donnés et faire des rimes.*

mercredi aujourd'hui oui mamie papi ici
ami midi bon appétit aussi merci

5 **Un cadeau super** (G 1, 2)   → *nach SB Ü3, S. 13*

Complétez avec les formes de dire, répondre *ou* entendre.

1. *Le père:* Tu es contente, maman?

   C'est un cadeau super, non? … Maman, tu ne

   _réponds_____ pas?

2. *La mère:* Tu sais, mamie

   n' _entend_____ rien!

3. *La grand-mère:* Qu'est-ce que vous _dites_____, les enfants?

   Je n' _entends_____ pas!

4. *La mère:* Nous _disons_____ que le portable est super. Un portable, c'est bien

   parce que les enfants _entendent_____ toujours les portables … et après

   ils _répondent_____ à leurs parents!

5. *La grand-mère:* Oh, ils n'ont pas de chance. Moi, je n'ai pas toujours envie d' _entendre_____

   mes enfants. Mais pour les grands-parents, il y a une solution très facile:

   ils _disent_____: «Pardon, mais nous n' _entendons_____ plus très bien!»

6 **Un jour à Aubenas** (G 1, 2)   → *an beliebiger Stelle*

a *Complétez la grille avec les formes des verbes:*

comprendre

apprendre

changer

dire

perdre

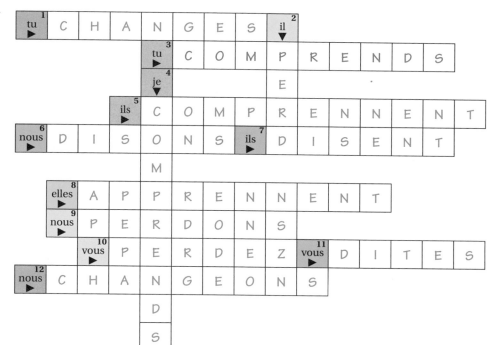

Grille:
- 1 tu ▶ C H A N G E S
- 2 il ▼ (P E ...)
- 3 tu ▶ C O M P R E N D S
- 4 je ▼ C (O M P R E N D S)
- 5 ils ▶ C O M P R E N N E N T
- 6 nous ▶ D I S O N S
- 7 ils ▶ D I S E N T
- 8 elles ▶ A P P R E N N E N T
- 9 nous ▶ P E R D O N S
- 10 vous ▶ P E R D E Z
- 11 vous ▶ D I T E S
- 12 nous ▶ C H A N G E O N S

b *Imaginez les dialogues. Ecrivez dans les bulles. Vous pouvez utiliser les verbes donnés.*

Pourquoi est-ce qu'elle
ne dit rien?
_____

Je ne comprends pas
son problème.
_____

1. ne rien dire

2. comprendre le problème

Maintenant, nous
apprenons notre texte,
d'accord?

Oh, elle perd son portable!
_____
_____

3. apprendre le texte

4. perdre le portable

Je n'ai plus envie
de faire du vélo!
_____

Alors, demain, on change
d'activité!
_____

5. avoir envie de – faire du vélo

6. changer d'activité

15

7 Ecouter: Allô? → *nach SB Ü7, S. 15*

a *Ecoutez bien les dialogues 1, 2, 3 et 4.*
Notez les numéros des dialogues sous les dessins.

2   1   4   3

b *Qui parle? Ecoutez encore une fois et notez les numéros des dialogues sous les dessins.*

1   4   2   3

c *Ecoutez encore une fois les quatre dialogues et cochez les bonnes réponses.*

1. a. Où habite Mme Bouteille?

à Paris	×
à Pont d'Arc	
en Ardèche	

1. b. Qu'est-ce que les enfants de Mme Bouteille aiment?

la vidéo	
le théâtre	×
le vélo	

2. a. Bruno …

est un copain d'Emma.	
travaille dans le magasin.	
est moniteur au centre de vacances.	×

2. b. Dans le magasin, Emma achète souvent …

des livres.	
des gâteaux.	
des petits cadeaux.	×

3. a. M. Schmidt va rester

3 semaines.	
2 semaines.	
1 semaine.	×

3. b. M. Schmidt réserve[1] pour …

2 personnes.	
4 personnes.	×
14 personnes.	

4. a. Demain, rendez-vous à …

16h.	
15h.	×
17h.	

4. b. Au cirque «Gonzo», il n'y a pas …

d'enfants.	
d'école.	
d'animaux.	×

_____
1 réserver reservieren

8 On joue au loto. (G 3)   → *an beliebiger Stelle (Bastelbogen I)*

a *Schneidet zuerst die Lottokarten auf dem Bastelbogen in der Heftmitte aus. Schneidet dann die kleinen Karten mit den ausgeschriebenen Zahlen aus.*

b *Spielt zu zweit. Jeder erhält zwei Lottokarten.*
Einer nach dem anderen zieht eine kleine Karte – diese werden verdeckt aufeinander gestapelt – und sagt laut die Zahl. Derjenige, der die Zahl auf seinem Karton hat, legt die kleine Karte darauf und zieht anschließend ein anderes Kärtchen.

Gewonnen hat der Spieler, der seine zwei Lottokarten zuerst vervollständigt hat.

Exemple:
– Soixante-douze. J'ai le soixante-douze sur ma grille[1].
Alors, je prends la petite carte.

B Bonjour d'Aubenas!

9 On fait toujours ça pendant les vacances! (G 4, 5)   → *vor SB Ü2, S. 17*

Lisez les phrases et écrivez les formes des verbes acheter *,* envoyer *et* commencer
dans la grille. (… und tragt die Formen der Verben in das Gitter ein.)
Die orangefarbig eingerahmten Felder verraten euch, wann Emma und Estelle sich wiedersehen werden!

Emma: Estelle, est-ce que tu **1** des cartes postales à tes copains?

Estelle: Oui, aujourd'hui, j'**2** des cartes au village. Et demain, j'écris à mes copains.

Léa: Vous êtes ici depuis une semaine et vous **3** déjà des cartes? Moi, je ne **4** pas tout de suite! J'attends encore.

Emma: Et est-ce que vous **5** des petits souvenirs pour vos copains?

Marc et Antoine: Nous n'**6** rien pour nos copains, mais nous **7** toujours un petit souvenir à nos parents. Nous **8** toujours les vacances comme ça.

Léa: Oh, les bébés[1]! Et vos parents, qu'est-ce qu'ils **9** à leurs petits trésors[2]?

Emma: Oh, Léa, tu **10** à être bête! Et toi, tu n'**11** pas de cadeau pour tes parents?

Léa: Euh … non!

Antoine: Je trouve que ce n'est pas sympa!

Léa: Je perds mon temps avec vous!

Crossword grid:
- l'
- **2** a c h è t e
- **1** e n v o i e s
- **3** e n v o y e z
- é
- **10** c o m m e n c e s
- p
- r
- **7** e n v o y o n s
- **8** c o m m e n ç o n s
- **6** a c h e t o n s
- **5** a c h e t e z
- **9** e n v o i e n t
- **4** c o m m e n c e
- e
- **11** a c h è t e s

Emma va rencontrer Estelle l'année prochaine _____ .

─────
1 un bébé ein Baby – **2 un trésor** ein Schatz

10 **Jeu de mots: Les saisons** → *nach SB Ü3, S. 17*

a *Trouvez les mots qui riment avec les saisons. Coloriez-les de la même couleur que les saisons.*
(Findet die Wörter, die sich mit den Jahreszeiten reimen. Malt sie in der selben Farbe an.)

l'hiver	le printemps	l'été	l'automne
Carbonne	jouer	donne	idée
temps	Simone[1]	enfant	parents
frère	content	contraire	super
intéressant	vert	(coup de) téléphone	télé
travailler	restaurant	faire	vêtement
colère	bonne	appartement	dessert
activités	affaire	canoë	sonne

b *Lisez le poème.*

Puis, choisissez deux saisons et écrivez deux petits poèmes pour votre dossier portfolio.
Faites des dessins pour illustrer vos poèmes.
(... Sucht euch zwei Jahreszeiten aus ... Malt Bilder dazu.)

> En hiver, qu'est-ce qu'on peut faire?
> Les arbres ne sont plus verts ...
> Moi, j'aime manger des desserts,
> et chanter avec mon frère.

11 **Estelle appelle sa mère.** (G 6, 7) → *nach SB Ü4, S. 18*

Estelle raconte sa journée à sa mère. Regardez les images, puis écrivez le dialogue au passé composé dans votre cahier. Utilisez les mots donnés.

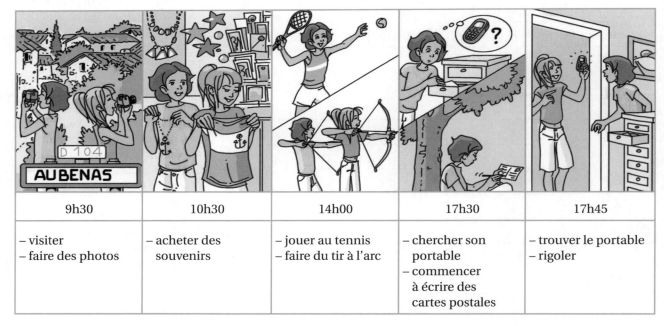

9h30	10h30	14h00	17h30	17h45
– visiter – faire des photos	– acheter des souvenirs	– jouer au tennis – faire du tir à l'arc	– chercher son portable – commencer à écrire des cartes postales	– trouver le portable – rigoler

Où est-ce qu'Estelle a trouvé le portable? Vous trouvez la solution à la page 5!

Estelle a trouvé le portable <u>dans un parc sous un arbre</u>.

----
1 Simone [simɔn] *weiblicher Vorname*

12 **Ecrire: Une carte postale** → *vor SB Ü5, S. 18*

a *Tu es en vacances en France et tu veux écrire une carte postale en français.*
Regarde d'abord les mots et les exemples donnés, puis coche les cases:

1. *Tu écris la date:*

☐ Paris, le 4 août 2008

☐ _____

2. *Tu écris le nom ...*

☐ (Mon) cher _____

☐ (Ma) chère _____

... ou tu dis bonjour:

☐ Salut _____ !

☐ Bonjour _____ ,

3. *Tu es où et avec qui?*

Je passe mes vacances

☐ en France[1]/en Ardèche/_____

☐ à Paris/à _____

Je suis

☐ à l'hôtel[2]   ☐ dans un camping[3]

☐ chez _____

☐ avec _____

4. *C'est comment?/Qu'est-ce que tu fais?*

☐ Ici, il y a _____

☐ Je peux/On peut faire _____

_____

☐ C'est super parce que _____

_____

☐ Ce n'est pas drôle parce que _____

_____

5. *Tu demandes:*

☐ Et toi, comment ça va?   ☐ Qu'est-ce que tu fais?

☐ Où est-ce que tu es?

☐ _____ ?

6. *Tu dis au revoir:*

☐ J'attends ta réponse.   ☐ A bientôt!

☐ Au revoir!   ☐ Bises

☐ Salut!

b *Ecris maintenant ton texte sur la carte postale (Bastelbogen II) (pour ton dossier portfolio!).*

_____
1 la France Frankreich – **2 un hôtel** ein Hotel – **3 un camping** ein Campingplatz

13 **Camping¹ en Ardèche!** → *an beliebiger Stelle*

Idéalement placé entre Beaume et Ardèche, le **Camping de Peyroche** permet de pratiquer les joies de la baignade, du canoë-kayak ou de la pêche à la ligne.

Ajouter à cela des équipements sportifs (terrain de football, de volley-ball, tables de ping-pong, aires de jeux)… et des parasols pour le farniente ! Et puis des animations pour tous : club adultes et enfants (4 à 12 ans), tournois, promenades…

Accès direct à la rivière !

·Bienvenue

Depuis 1962, nous accueillons ici les vacanciers avec le même souci de faire partager la passion de notre région, de notre terre… à laquelle nous sommes profondément attachés.
la famille Champetier

Le **Camping de Peyroche**, entouré par le vignoble, s'étend sur 8 hectares de nature et d'ombrage au bord de l'Ardèche, à 300 mètres de la rivière de la Beaume.

Le **Camping de Peyroche**, comprend 160 emplacements, 27 bungalows de toiles meublés „André Trigano" et 19 résidences mobiles climatisées „Colorado". Des blocs sanitaires récents participent au confort. (cabines individuelles, eau chaude…). Facilité pour les handicapés.

À votre disposition à la réception : coffres-forts individuels, informations sur la région, propositions d'activités, ainsi qu'une boutique de services. Durant la saison, un snack-bar est à votre disposition : petit-déjeuner, pizzas, frites, glaces, boissons…

© Document non contractuel – Création: apidee 0475359172 – Photos: New Phox Studio – D. Cavailles, APPG – M. Godet, A. Dubouloz, J. Clottes – Ministère de la Culture – Impressions Fombon.

a *Regardez et lisez le document, puis répondez aux questions dans votre cahier.*

1. Qu'est-ce qu'on peut faire comme sports dans le camping? (Donnez 3 exemples.)
2. Le camping est là depuis quand?
3. Le club² du camping est pour les enfants de quel âge³?
4. Une famille travaille au camping. Donnez le nom de la famille.
5. Est-ce qu'on peut aller au camping avec des animaux?
6. Qu'est-ce qu'on peut manger au camping?

b *Dans le texte, il y a des mots que vous ne connaissez pas, mais que vous pouvez comprendre. Trouvez les mots avec les bonnes définitions.*
(… Wörter, die ihr nicht kennt, aber verstehen könnt … anhand der Definitionen.)

1. Tu peux dire je visite la Bretagne, l'Ardèche, ou je visite une r é g i o n .

2. C'est comme un petit restaurant. C'est un s n a c k - b a r .

3. C'est comme un magasin. C'est une b o u t i q u e .

4. Sur une r i v i è r e , on peut faire par exemple du canoë.

5. Au camping, on va là pour avoir des informations: c'est la r é c e p t i o n .

---

1 un camping [k̃ãpiŋ] ein Camping, ein Zeltplatz – **2 un club** ein Club – **3 pour les enfants de quel âge?** für welche Altersgruppe?

〈Auto-contrôle〉 *(Vous trouvez les solutions à la page 94.)*

1 Les verbes! (G 1, 2, 4, 5)

Complétez.

attendre	j' attends	nous attendons	ils attendent
dire	elle dit	vous dites	ils disent
envoyer	tu envoies	nous envoyons	ils envoient
comprendre	je comprends	il comprend	elles comprennent
commencer	tu commences	nous commençons	elles commencent
appeler	il appelle	nous appelons	elles appellent

2 Des vacances cool! (G 6, 7)

Faites des phrases au passé composé. Ecrivez dans votre cahier.

1.	2.	3.	4.	5.
Les Carbonne	Madame Salomon	tu	nous	je

3 Tu sais compter? (G 3)

Rechnet aus und schreibt die Lösungen in Ziffern auf.

cent ⊖ vingt-deux = 78   soixante et un ⊕ dix = 71

cinquante-neuf ⊕ seize = 75   soixante-dix ⊕ vingt-trois = 93

quatre-vingt-dix-neuf ⊖ dix-huit = 81   quatre-vingt-quatorze ⊖ douze = 82

quatre-vingt-seize ⊕ quatre = 100   quatre-vingts ⊕ seize = 96

4 En français

Traduisez.

1. Bist du froh, hier zu sein? Est-ce que tu es content(e) d'être ici?

2. Der Urlaub ist schnell vergangen! Les vacances ont passé vite!

3. Wir fahren in 20 Minuten mit dem Zug ab. Wo sind meine Sachen? On prend le train dans vingt minutes.
   Où sont mes affaires?

5 Bizarre!

Malt die Gegensätze in derselben Farbe aus.

le départ	perdre	acheter	hiver
demander	été	ici	l'arrivée
là-bas	vendre	trouver	répondre

LEÇON 2

De retour à Paris

A Quitter Paris?

1 **Un vendredi chez les Carbonne** (G 8) → *nach SB Ü3, S. 25*

a *Regardez les dessins et racontez les activités d'Emma, de Valentin, de Manon, d'Amandine et de M. Carbonne. Utilisez le présent.*

Exemple: A 17 heures, Emma apprend un sketch en allemand.

	Emma	Valentin et Manon	M. Carbonne	Amandine
17 heures				
18 heures				
19 heures				

b *Aujourd'hui, Mme Carbonne rentre à 20 heures à la maison. Elle demande à sa famille comment elle a passé la journée. Répondez au passé composé.*

Mme Carbonne: Qu'est-ce que tu as fait, Emma?

Emma: D'abord, j' _ai appris_ un sketch en allemand. Après, j' _ai écrit_

un e-mail à Estelle. Puis, j' _ai répondu_ au SMS d'une amie.

Mme Carbonne: Et vous, Valentin et Manon?

Valentin et Manon: Nous _avons joué_ au foot. Après, nous _avons lu_

une BD. Puis, nous _avons écouté_ de la musique.

Mme Carbonne: Et toi, Roberto?

M. Carbonne: D'abord, j' _ai lu_ les annonces et après, j' _ai rangé_

des cartons vides. Enfin, j' _ai téléphoné_ au journal de Toulouse.

Mme Carbonne: Et Amandine, qu'est-ce qu'elle a fait?

Emma: Elle _a mangé_ des croquettes et après, elle _a quitté_ la cuisine.

Puis, elle _a joué_ avec Théo.

c *Comment est-ce vous avez passé la journée, hier? Faites des phrases.*
Ensuite, demandez à votre copain/copine.

Hier à ...	toi	ton copain/ta copine
(13:00)	Hier, à 13 heures, j' _ai mangé à la cantine._	Hier, à 13 heures, il/elle _a mangé à la maison._
(15:00)	Hier, à 15 heures, j'_____	Hier, à 15 heures, il/elle _____
(17:00)	_____	_____
(20:00)	_____	_____

2 **Qu'est-ce que vous avez fait pendant les vacances?** (G 8)   → *nach SB Ü2, S. 25*

Jouez à deux. Jetez les dés (würfelt), formez le participe passé
du verbe entre parenthèses et faites des phrases.

Exemple:

 + : *J'ai écrit beaucoup de cartes postales.*

	1. J'ai		1. (rencontrer) des filles sympas.
	2. Tu as		2. (écrire) beaucoup de cartes postales.
	3. Il/Elle a		3. (faire) des promenades.
	4. Nous avons		4. (oublier) l'anniversaire de papa.
	5. Vous avez		5. (perdre) la photo d'une copine.
	6. Ils/Elles ont		6. (jouer) au tennis.

3 On va déménager. (G 9) → *vor SB Ü6, S. 27*

Avant le départ de Mme Carbonne et des enfants, il y a encore beaucoup de choses à faire.
Les enfants aident leur maman.

a *Trouvez les formes de* mettre.

a. TETEMZ   b. SMTE   c. ETMOTSN   d. SMI   e. TMTETNE   f. TEM   g. MEST

_g_	_b_	_f_	_c_	_a_	_e_	_d_
je	tu	il/elle	nous	vous	ils/elles	j'ai
mets	_mets_	_met_	_mettons_	_mettez_	_mettent_	_mis_

b *Regardez le dessin et complétez les phrases. Utilisez les formes de* mettre.

1. *Mme Carbonne:* «Valentin, tu _mets ton livre dans ton sac à dos_ ?»

2. *Valentin:* «Oui, et je _mets_ aussi _le portable sur la table_ .»

3. *Mme Carbonne:* «Emma et Manon, vous _mettez les CD dans l'étagère_ ?»

4. *Emma:* «Oui, et nous _mettons_ aussi _les papiers dans la poubelle_ .»

5. *Mme Carbonne:* «Valentin, tu as déjà _mis le chat dans le jardin_ ?»

6. *Valentin:* «Oui, et les filles _mettent les bouteilles devant la porte_ .»

7. *Mme Carbonne:* «C'est gentil. Et ton père _met son casque dans l'entrée_ .»

4 **Qui est-ce?** → *an beliebiger Stelle*

Après les vacances à Aubenas, Emma rencontre Malika dans un café. Elle a beaucoup de choses à raconter et Malika veut tout savoir.

Trouvez les réponses d'Emma. Utilisez toutes les formes de la négation du tableau (Tabelle).

n'	n'	ne	ne	n'	ne	ne
pas	pas	pas	pas	plus	jamais	rien

Malika	**Emma**
1. C'est un garçon?	Non, *ce n'est pas un* _____ garçon.
2. Elle habite dans le quartier?	Non, *elle n'habite pas dans le quartier.* _____
3. On rencontre la fille tous les jours[1] au collège?	Non, *on ne rencontre jamais la fille* _____ au collège.
4. Elle vient de Paris?	Non, *elle ne vient pas de Paris.* _____
5. Qu'est-ce qu'elle fait? Elle travaille?	Non, *elle ne travaille pas.* _____ Elle va encore à l'école.
6. Elle perd ses choses?	Non, *elle ne perd rien.* _____ Au contraire[2] elle a trouvé mon portable.
7. Elle est encore à Aubenas?	Non, *elle n'est plus* _____ à Aubenas. Elle a aussi quitté le centre de vacances.

A vous: Qui est-ce? – C'est *Estelle* _____ .

5 **Ecrire: Chez moi** → *nach SB Ü8, S. 27*

a *Travaillez à deux. Parlez de votre ville / village, de votre quartier et de votre école.*
Qu'est-ce que vous aimez?
Qu'est-ce que vous n'aimez pas? Faites une petite liste (Liste).

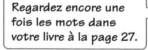

Regardez encore une fois les mots dans votre livre à la page 27.

☺☺ **j'aime beaucoup / j'aime bien …**	☺ **j'aime / j'aime aussi …**	☹ **je n'aime pas / je n'aime pas non plus**	☹☹ **je n'aime pas du tout**
• mes ami(e)s	• les magasins	• le temps	• le square
• …	• …	• …	• …
• …	• …	• …	• …

b *Ecrivez un petit texte sur une feuille. Mettez votre texte dans votre dossier portfolio.*

---

1 tous les jours jeden Tag, täglich – **2 au contraire** im Gegenteil

6 **Jeu de mots 1** → *nach SB, S. 24*

a *Cherchez l'intrus.*

1. ☐ Paris ☒ Berlin ☐ Toulouse ☐ Nancy	2. ☒ un jardin ☐ un vélo ☐ un train ☐ un camping-car	3. ☒ un avion ☐ une maison ☐ un appartement ☐ une école
4. ☐ une tête ☐ un pied ☒ une robe ☐ une main	5. ☐ un soir ☐ un moment ☐ une journée ☒ une affiche	6. ☐ le quartier ☒ le travail ☐ la ville ☐ la campagne

b *Ecrivez dans votre cahier une petite histoire avec les intrus.*

7 **Ecouter: Les trains en France et en Allemagne** (G 10) → *nach SB Ü7, S. 27*

27

a *Lisez les mots. Puis, écoutez et répondez aux questions. Voilà des mots pour vous aider:*

un billet *eine Fahrkarte* – **rouler** *hier: fahren* – **coûter** *kosten*

1. Comment s'appelle le train français? C'est le <u>TGV</u>.

2. Comment s'appelle le train allemand? C'est le <u>ICE</u>.

b *Lisez le texte et écoutez encore une fois. Puis, cochez la bonne réponse.*

1. Le TGV peut faire ☐ 220 km/h ☒ 320 km/h ☐ 300 km/h.

2. Le TGV va aussi à Lille[1], une ville en France. Lille est à ☐ 280 km ☐ 208 km ☒ 218 km de Paris.

3. Mais, le TGV entre Lille et Paris roule à ☒ 300 km/h ☐ 330 km/h ☐ 250 km/h.

4. Le billet coûte ☐ 13 € ☐ 30 € ☒ 33 €.

5. En Allemagne, le ICE de Berlin à Hambourg[2] roule à ☐ 250 km/h ☒ 230 km/h ☐ 320 km/h.

6. Le billet coûte ☒ 62 € ☐ 72 € ☐ 66 €.

B Toulouse, c'est super!

8 **Qu'est-ce qu'ils voient?** (G 12) → *nach SB, S. 28*

Trouvez les formes du verbe voir *et faites des rimes. (Setzt die Formen von* voir *ein und bildet Reime mit den fettgedruckten Wörtern.)*

1.	Vous <u>voyez</u> la **souris**?	*c*	a	Oui, elle est **là**.	
2.	Tu as <u>vu</u> **Martine**?	*f*	b	<u>voient</u> un **avion**.	
3.	Nous <u>voyons</u> **Marc**.	*e*	c	Elle est dans mon **lit**.	
4.	Marc <u>voit</u> **Emma**?	*a*	d	Non, je ne <u>vois</u> **rien**.	
5.	Emma et **Marion**	*b*	e	Il est dans le **parc**.	
6.	Tu <u>vois</u> un chat et un **chien**?	*d*	f	Elle est dans la **cuisine**.	

---

1 Lille *Stadt in Nordfrankreich* – **2 Hambourg** *Hamburg (Deutschland)*

9 **C'est toujours non** (G 11) → *nach SB Ü2, S. 29*

Ecrivez quatre phrases au passé composé. Utilisez un mot de chaque colonne (Spalte).

Exemple:

1	2	3	4	5	6
Malika	n'	a	pas encore	été	à Toulouse.

1	2	3	4	5	6
Malika Tu Nous M. et Mme Carbonne Je Vous	n'	ai as a avons avez ont	pas encore rien pas jamais pas du tout pas non plus	être visiter déménager trouver rencontrer vouloir quitter	à Toulouse. le musée. ton portable. à la maison. en ville. ses amies.

10 **Jeu de sons** → *nach SB Ü5, S. 26*

a *Cochez le son que (den) vous entendez.*

	[e]	[ɛ]
1. déménager	×	
2. la tête		×
3. le sketch		×
4. la région	×	
5. Airbus		×
6. la Géode	×	
7. la Villette		×
8. la météo	×	
9. le kilomètre		×

[e] wie Seele und
[ɛ] wie Bett

b *Ecoutez les mots et vérifiez vos réponses. (Überprüft eure Antworten.)*

11 **Ecouter: Le temps** → *nach SB Ü4, S. 29*

a *Ecoutez et regardez les dessins. On parle de quelle ville? Ecrivez les noms des villes sous les dessins.*

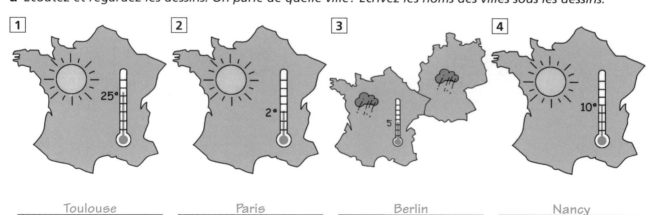

1	2	3	4
Toulouse	Paris	Berlin	Nancy

b *Quel temps est-ce qu'il fait dans quelle ville? (Welches Wetter herrscht in welcher Stadt?) Cochez les bonnes réponses.*

	Paris	Berlin	Toulouse	Nancy
Il fait très froid.	x	x		
Il fait beau.	x		x	
Il y a du soleil.			x	x
Il pleut.		x		
Demain, il va faire très froid.	x			
Demain, il va pleuvoir.			x	
Demain, il va faire beau.				x
Demain, il ne va plus faire froid.		x		

c *Quel temps est-ce qu'il a fait pour votre dernier anniversaire (Wie war das Wetter an eurem letzten Geburtstag)? Ecrivez quatre phrases et racontez aux autres.*

12 Pourquoi pas rester à Paris? (G 11)

Vous trouvez cette activité à la page 87.

13 Jeu de mots 2 → *nach SB, S. 24*

Cherchez les mots et écrivez-les dans la grille. Vous allez trouver une phrase.

1. A Toulouse, il fait trente … en été.	d(5) e g r é s
2. Le contraire de froid, c'est …	c h a(3) u d
3. Aujourd'hui il faut prendre un parapluie parce qu'il va …	p l e u(10) v o i(4) r
4. En hiver, beaucoup de Français vont faire du …	s k(8) i
5. Je n'aime pas la mer, mais j'aime bien la …	m(2) o n t a g n e
6. Le temps est super, il y a du …	s(9) o l e(1) i l
7. A Toulouse et dans la … Midi-Pyrénées, il y a beaucoup de touristes.	r(7) é g i o(6) n

E	M	M	A
1	2	2	3

A	D	O	R	E
3	5	6	7	1

F	A	I	R	E
	3	4	7	1

D	U
5	10

S	K	I
9	8	4

14 **Lire: Le répondeur** → *nach SB Ü6, S. 30*

> Regardez d'abord la stratégie à la page 30 de votre livre.

a *Lisez le texte.*

Il est tard[1]. Fabien allume[2] la lampe sur son lit. 21h52. Il éteint[3] la lampe. Il n'a pas peur
du noir, enfin pas trop. Il attend, les yeux ouverts. Il sait qu'il ne va pas dormir[4].
Puis, il allume la lampe encore une fois: 22h01: Fabien quitte son lit et met son anorak.
Il ouvre la porte de l'appartement et appelle l'ascenseur. Il attend. L'ascenseur ouvre ses portes,
Fabien monte dans l'ascenseur et va au rez-de-chaussée[5]. Il y a douze étages. Fabien traverse le hall
et va dans la rue. A deux cents mètres, il y a une cabine téléphonique. Il cherche dans son anorak
une carte téléphonique et fait le numéro. La voix répond: «Bonjour, vous êtes bien chez Marlène Barat.
Je ne suis pas chez moi. Attendez le signal et parlez. Merci et à bientôt.» Fabien attend le signal. Et parle:
«Bonsoir, maman. Je ne peux pas dormir. S'il te plaît, quand tu rentres, viens me dire bonne nuit.»
C'est tout. Il raccroche[6].

© Bernard Friot, Nouvelles histoires pressées, Ed. Milan, 2000

b *Pourquoi est-ce que vous comprenez les mots suivants (die folgenden Wörter)?*

unbekanntes Wort	deutsche Übersetzung	Fremdwort, Muttersprache	Wortfamilie	Kontext
un répondeur	ein Anrufbeantworter		×	
une lampe	eine Lampe	×		
un anorak	ein Anorak	×		
un ascenseur	ein Aufzug			×
le hall	die Eingangshalle	×		
un mètre	ein Meter	×		
une cabine téléphonique	eine Telefonzelle	×	×	
une carte téléphonique	eine Telefonkarte	×	×	
une voix	eine Stimme			×
un signal	ein Signalton	×		
bonsoir	Guten Abend			×
bonne nuit	Gute Nacht			×

c *Répondez aux questions.*

1. Pourquoi est-ce que Fabien a peur? Il est seul à la maison. / Sa maman n'est pas là. / Il est déjà tard.

2. Pourquoi est-ce qu'il quitte son lit et va dans la rue? Il cherche une cabine téléphonique pour appeler sa maman.

3. Où est la maman de Fabien? Vous avez une idée? Elle est allée au cinéma. / Elle est sortie avec des amis. / Elle doit travailler.

d *Racontez la fin de l'histoire.*

_____
1 tard spät – **2 allumer** einschalten – **3 éteindre qc** *hier:* ausmachen – **4 dormir** schlafen –
5 le rez-de-chaussée das Erdgeschoss – **6 raccrocher** (den Hörer) auflegen

⟨**Auto-contrôle**⟩ *(Die Lösungen findet ihr auf Seite 94.)*

1 **Le participe passé** (G 8)

a *Findet die Partizipien. Kreist die Buchstaben ein, die nicht dazu gehören.*
Wenn ihr alles richtig gemacht habt, ergeben die eingekreisten Buchstaben ein Lösungswort.

ATTENDUJFAITOPERDUCOUVERTOPRISNPLUDLUEDIT la JOCONDE

b *Schreibt die Partizipien und die zugehörigen Infinitive in euer Heft.*

2 **Qu'est-ce qu'ils ont fait?** (G 8)

Setzt die Sätze ins passé composé.

1. Emma écrit à mamie. Emma a écrit à mamie.

2. Nous n'avons pas peur. Nous n'avons pas eu peur.

3. Vous n'apprenez pas les mots allemands. Vous n'avez pas appris les mots allemands.

4. Je suis au collège. J'ai été au collège.

5. Les enfants mettent la poubelle devant la porte. Les enfants ont mis la poubelle devant la porte.

3 *voir* **et** *mettre* (G 9, 12)

Findet die richtige Form der Verben und ergänzt die Pronomen.

1. SNOYOV – Nous voyons un oiseau dans la cuisine.

2. TEM – Il / Elle met une heure pour ramasser les papiers.

3. ZETTEM – Vous mettez la table.

4. TNEIOV – Ils / Elles voient un chat sur l'arbre.

4 **Non et non**

Übersetzt die Sätze ins Französische. Schreibt sie in euer Heft.

Thomas	Victor
1. Gehen wir in den Park?	2. Nein, ich habe keine Lust. Es regnet.
3. Aber es ist absolut nicht kalt. Wir nehmen einen Schirm [mit].	4. Jetzt nicht. Ich habe meine Hausaufgaben noch nicht gemacht. Und du?
5. Ich auch nicht. Machen wir zuerst unsere Hausaufgaben und dann gehen wir ins Kino.	6. Einverstanden.

5 **Les nombres**

Findet heraus welche Zahlen sich hier verstecken.

853	huit cent cinquante-trois	270	deux cent soixante-dix
114	cent quatorze	731	sept cent trente et un
675	six cent soixante-quinze	912	neuf cent douze
380	trois cent quatre-vingts	216	deux cent seize

LEÇON 3

Paris – Toulouse

1 **Départ pour Toulouse** (G 13) → *nach SB, S. 35*

Regardez les dessins et complétez avec les formes correctes des verbes partir, sortir *et* dormir.

Mme Carbonne: Quoi? Les filles _dorment_ encore et leur train _part_ à 10 heures!

Manon: Maman, Emma ne _sort_ pas!

Mme Carbonne: Emma, _sors_ tout de suite! Nous _partons_ bientôt!

Mme Carbonne: Les billets[1]! Les enfants, _sortez_ d'abord. Moi, je cherche les billets!

Valentin: Mais les billets sont là, ils _sortent_ (sortir) de mon sac!

Mme Carbonne: Mes enfants _partent_ à Toulouse. C'est la première fois!

Emma: Maman, nous ne _sortons_ pas du train avant Toulouse!

Amandine: Ouf! Le silence! Alors, maintenant je ne _sors_ plus, je _dors_!

Mme Carbonne: C'est une bonne idée, Amandine. _Dormons_ un peu!

1 le billet die Fahrkarte

2 **Une grande famille** (G 14) → *nach SB, S. 35*

Mettez les lettres dans l'ordre et écrivez toutes les formes du verbe venir *avec les pronoms.*

<u>t</u> <u>u</u> sienv ↓

V				

<u>e</u> <u>l</u> <u>l</u> <u>e</u> teniv → | V | I | E | N | T |

<u>v</u> <u>o</u> <u>u</u> <u>s</u> zeven ↓ | E |

<u>n</u> <u>o</u> <u>u</u> <u>s</u> sonnev → | V | E | N | O | N | S |

<u>j</u> <u>e</u> einsv → | V | I | E | N | S |

N

<u>i</u> <u>l</u> <u>s</u> nenvenit → | V | I | E | N | N | E | N | T |

Z

A Une fête pour Emma

3 **Dans ma rue** → *nach SB S. 36, Abschn. 3*

Regardez bien la scène. Décrivez le dessin en 8 phrases et utilisez les mots nouveaux des trois premiers paragraphes du texte A. Travaillez avec votre livre. (Beschreibt die Szene in 8 Sätzen und benutzt dabei die neuen Wörter der ersten drei Textabschnitte. Arbeitet mit eurem Buch.)

→ 1: <u>Dans la rue, on organise un déménagement</u> .

→ 2: <u>Un garçon accompagne une fille. Il invite sa copine au cinéma</u> .

→ 3: <u>Des enfants descendent du bus</u> .

→ 4: <u>Un monsieur arrive trop vite et il tombe</u> .

→ 5: <u>Un monsieur prépare des crêpes pour ses chiens dans sa cuisine</u> .

→ 6: <u>Une famille prend son repas</u> .

→ 7: <u>Deux collègues rigolent ensemble</u> .

→ 8: <u>Un petit garçon achète le dernier gâteau</u> .

4 Le verbe être → *an beliebiger Stelle*

Coloriez en rouge (Malt rot an) les deux parties des formes du verbe être dans la grille.
Ecrivez les formes dans le tableau à gauche. (Schreibt die Formen links auf.)

je _suis_   nous _sommes_

tu _es_   vous _êtes_

il/elle _est_   ils/elles _sont_

s	som	as	o	e
sa	so	a	tes	ont
mes	os	su	ot	ê
sim	es	so	is	as
nt	mas	t	tez	sum

5 Le déménagement (G 15, 16)   → *nach SB Ü3, S. 37*

a *Regardez bien les images, puis lisez les phrases. Quelle phrase va avec quel dessin?*
Coloriez la phrase et le dessin avec la même couleur. Il y a deux phrases pour un dessin.
(Welcher Satz passt zu welchem Bild? Malt Satz und Bild in derselben Farbe an).

ils sont descendus	ils sont allés	elle est sortie	ils sont sportifs
elles sont tristes	elle n'est pas contente	elles sont retournées	ils sont sympas
elle est descendue	il est revenu	elle n'est plus triste	ils sont arrivés
il est super	elles sont montées	ils ne sont pas contents	elles sont sportives

A Paris

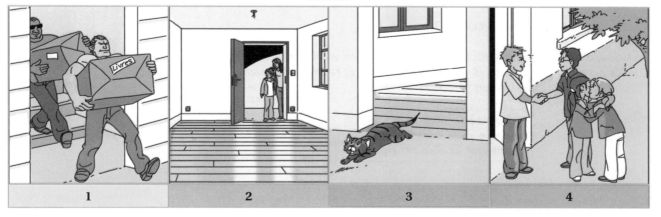

A Toulouse

b *Racontez l'histoire du déménagement à Toulouse ou à Paris. Utilisez les formes verbales de la partie a.*
(Benutzt dabei die Verbformen aus dem Teil a.) Ecrivez dans votre cahier.

6 **Le jeu du passé composé** (G 15, 16)   → *vor SB Ü5, S. 38*

Cochez la bonne réponse et barrez (streicht durch) en rouge les mauvaises réponses.
Travaillez avec votre cahier de grammaire.

1. Aman-
   dine …

a dormi	×
est dormi	
a dormie	

2. Les
   filles …

~~sont revenus à Paris.~~	
~~ont revenues à Paris~~	
sont revenues à Paris.	×

3. Vous …

avez fait des jeux.	×
~~avez faits des jeux.~~	
~~avez faite des jeux~~	

4. Mme
   Carbonne:

~~«Je suis tombé.»~~	
«Je suis tombée.»	×
~~«J'ai tombé.»~~	

5. Les
   collègues
   …

ont organisé un repas.	×
~~sont organisés un repas~~	
~~ont organisés un repas.~~	

6. Emma,
   tu …

~~es parti hier?~~	
~~as parti hier?~~	
es partie hier?	×

7. Elle

~~a préparée une surprise~~	
a préparé une surprise	×
~~est préparé une surprise~~	

8. Manon …

~~a invitée une copine.~~	
a invité une copine.	×
~~est invitée une copine.~~	

9. Les
   crêpes …

~~ont tombé.~~	
~~sont tombé.~~	
sont tombées.	×

7 **Où est Théo?**   → *vor SB Ü6, S. 38*

a *Aujourd'hui, Madame Salomon et Emma sont allées à la boulangerie[1].*
Théo a accompagné ses amies. Regardez les mots et racontez au passé composé.
Puis, écrivez l'histoire dans votre cahier.

N'oubliez pas: Elles **sont tombées** et ils **sont revenus.**
Ils ont joué et elles ont rigolé.

Voici la liste des verbes qui forment le passé composé avec être:
venir – sortir – aller – entrer – partir – monter – descendre – rentrer – rester – arriver – tomber – retourner – revenir.

① Emma – accompagner – Mme Salomon.
Elles – entrer dans une boulangerie.

② Théo – rester devant.
Il – attendre – ses amies.

③ Une jolie chienne[2] – arriver. Elle – regarder – Théo.

④ Ils – partir – ensemble. Théo – oublier – Emma et Mme Salomon.

⑤ Elles – sortir – ne pas trouver – le chien.

⑥ Elles – chercher – dans le quartier. Puis – elles – rentrer – à la maison.

⑦ Peu après – Théo et la chienne – sortir du square. Ils – arriver – avec six autres chiens.

b *Choisissez un dessin et écrivez une histoire au* passé composé.
(Wählt ein Bild aus und erzählt eine Geschichte im passé composé.)

---

1 la boulangerie die Bäckerei – **2 une chienne** eine Hündin

8 **Lire des mots, c'est facile!** → *nach SB Ü7, S. 39*

a *Lisez les mots inconnus (unbekannt) dans le tableau et devinez (erratet) le mot allemand.*

b *Vous lisez* [k], [s], [g] *ou* [ʒ]? *Cochez la bonne réponse.*

> Lisez encore une fois
> la page 39 de votre livre.

	[k]	[s]	[g]	[ʒ]
1. un lycée		x		
2. une cathédrale	x			
3. gratuit			x	
4. une girafe				x
5. la génération				x

	[k]	[s]	[g]	[ʒ]
6. le citron		x		
7. l'origine				x
8. la caricature	x			
9. le guide			x	
10. la façon		x		

B Ce n'est qu'un au revoir!

9 **Des idées noires!** (G 17, 18) → *vor SB Ü2, S. 41*

a *Trouvez et coloriez les formes des verbes* devoir *et* recevoir *dans la bulle.*

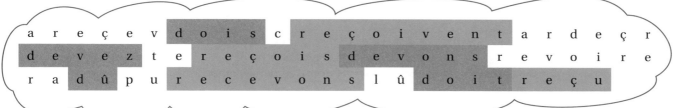

```
a  r  e  ç  e  v  d  o  i  s  c  r  e  ç  o  i  v  e  n  t  a  r  d  e  ç  r
d  e  v  e  z  t  e  r  e  ç  o  i  s  d  e  v  o  n  s  r  e  v  o  i  r  e
r  a  d  û  p  u  r  e  c  e  v  o  n  s  l  û  d  o  i  t  r  e  ç  u
```

b *Complétez avec les formes de a.*

Valentin et Manon __reçoivent__ des lettres et des cartes,

et moi, je ne __reçois__ rien! RIEN! Maman aussi a

__reçu__ un paquet de ses collègues de Paris. C'est nul!

Malika, Victor, vous ne __devez__ pas m'oublier!

Nous __devons__ rester amis!

Je __dois__ faire quelque chose! Malika __doit__

déjà avoir une autre copine.

Et Victor … il a __dû__ perdre mon adresse! Alors, nous

ne __recevons__ pas la visite de mes copains

pendant les prochaines vacances? Quelle horreur!

10 **Situations** (G 19, 20) → *nach SB Ü5, S. 42*

Complétez avec les pronoms me, te, nous, vous *à la bonne place.*

a *Que faire?*

1. Je [ ] ne [*t'*] aime [ ] plus.

   Tu [*me*] comprends [ ]?

2. Non, je [ ] ne [*te*] comprends [ ] pas.

   Je [*t'*] aime [ ] encore. Ne [*me*] quitte

   [ ] pas!

3. Si! Je [*te*] quitte [ ] parce que j'aime un autre garçon.

b *Allô, c'est toi?*

1. Tu [*m'*] entends [ ]?

2. Je [*t'*] entends [ ] très mal.

3. Je [ ] veux [*vous*] inviter [ ] au cinéma,

   Léa et toi.

4. Comment? Tu [ ] veux [*nous*] inviter [ ] où?

   J'entends très mal!

5. Au cinéma! Tu [*m'*] entends?

6. Oui, maintenant, je [*t'*] entends [ ] très bien. D'accord.

7. Je [*vous*] attends [ ] devant le cinéma Rex à 17 heures!

c *C'est où?*

1. Tu [ ] peux [*me*] donner [ ] ton adresse?

   Je [ ] veux [*t'*] inviter [ ] pour mon

   anniversaire.

2. C'est sympa. Tu [ ] peux [*m'*] accompagner

   [ ]? Je ne sais pas où tu habites.

3. Je [*te*] dessine [ ] un plan. C'est facile de trouver

   notre maison.

4. Tu prépares la fête avec tes copains? Je [ ] peux [*vous*]

   aider [ ]?

5. Non, merci. Mais, tu [ ] ne [ ] peux [ ] pas

   [*nous*] aider [ ].

11 **Toulouse, c'est super!** → *nach SB Ü9, S. 44*

A l'office de tourisme (Verkehrsamt) de Toulouse, les Carbonne ont trouvé des informations intéressantes.

a *Choisissez 10 des mots en gras et traduisez-les dans votre cahier.*
(Wählt 10 der fettgedruckten Wörter und übersetzt sie.)

> **architecture | bar | bicyclette | climat | concert | culture | façade**
> **festival | golf | moment | nature | promenade | sport**

b *Regardez la stratégie à la page 44 de votre livre et complétez le texte avec les mots de la partie **a**.*
N'oubliez pas les articles définis ou indéfinis (den bestimmten oder unbestimmten Artikel).

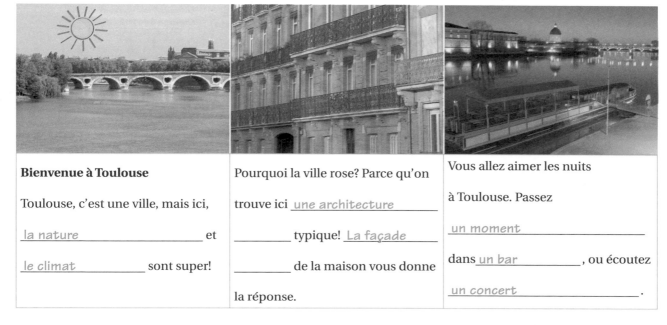

Bienvenue à Toulouse

Toulouse, c'est une ville, mais ici,

<u>la nature</u> et

<u>le climat</u> sont super!

Pourquoi la ville rose? Parce qu'on

trouve ici <u>une architecture</u>

_____ typique! <u>La façade</u>

_____ de la maison vous donne

la réponse.

Vous allez aimer les nuits

à Toulouse. Passez

<u>un moment</u>

dans <u>un bar</u>, ou écoutez

<u>un concert</u> .

Faites <u>une promenade</u>

dans la ville et n'oubliez pas

le Capitole!

Vous aimez <u>la culture</u>

et la danse? Alors, rendez-vous dans

<u>un festival</u>

de la ville!

A Toulouse, on aime <u>le sport</u>

_____ . Près de la Garonne,

c'est <u>la bicyclette</u>

ou <u>le golf</u> .

Mais il y a aussi le rugby!

12 Ecouter: A la gare → *nach SB Ü7, S. 43*

Regardez les dessins. Puis, écoutez les dialogues. Ecrivez les lettres des dessins qui vont avec les scènes.
(Schreibt die Buchstaben der Zeichnungen bei den entsprechenden Szenen auf.)

b *Ecoutez encore une fois. Regardez les expressions des visages (Gesichtsausdrücke) et écrivez sous les images les numéros des scènes correspondantes (entsprechenden Szenen).*

Scène ____1____   Scène ____3____   Scène ____2____

13 **En français: Qu'est-ce qu'on dit?** → *nach SB Ü7, S. 43*

a *En France, qu'est-ce qu'on peut dire dans les situations suivantes (in den folgenden Situationen)?*
Regardez d'abord les expressions (die Ausdrücke).

Je suis en colère!	C'est nul!	Tu m'énerves!	Quelle surprise!
C'est génial!	Ça ne fait rien.	Pardon … !	Quelle horreur!

1. Auf dem Place du Capitole trifft man einen alten Freund aus Paris.

   Quelle surprise!

2. In der Schulkantine gibt es heute gekochten Fisch! Igitt!

   Quelle horreur!

3. Im Freundeskreis macht jemand einen dummen Witz, über den keiner lacht.

   C'est nul!

4. Ein Sechser im Lotto!

   C'est génial!

5. Ein toller Schuss! Beim Fussballspielen auf dem Schulhof hat leider der Aufseher den Ball abgekriegt!

   Pardon, … !

6. Der kleine Bruder lässt dich nicht los!

   Tu m'énerves!

7. Böse Überraschung nach der Schule: Das Fahrrad ist weg!

   Je suis en colère!

8. In der Metro tritt versehentlich eine alte Dame jedem auf die Füsse. Man beruhigt sie.

   Ça ne fait rien!

b *Choisissez deux expressions (Wählt 2 Ausdrücke) et imaginez deux petites scènes.*
Ecrivez un petit texte ou un mini-dialogue pour chaque (jede) situation dans votre cahier.
Vous pouvez aussi illustrer les scènes. (Ihr könnt auch die Szenen illustrieren.)

14 Arthur déménage (G 15, 16) → *an beliebiger Stelle*

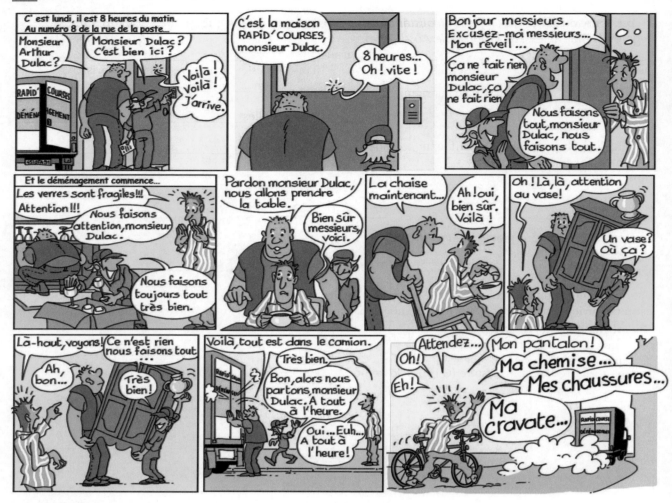

a *Lisez la BD, puis les phrases et cochez la ou les bonne(s) réponse(s).*

1. Ce matin, M. Dulac …		
a trop dormi.	×
est en retard.	×
n'a pas faim.	

2. Pendant le déménagement, M. Dulac …		
est sorti.	
n'est pas parti.	×
est resté dans la cuisine.	×

3. Les deux hommes …		
sont arrivés à huit heures.	×
sont repartis à midi.	
sont restés deux heures.	

4. Après le déménagement, M. Dulac…		
est parti en vélo.	×
est sorti dans la rue.	×
est resté à la maison.	

b *Vous êtes M. Dulac. Racontez l'histoire de son déménagement au passé composé dans votre cahier.*

 15 Une copine pour Valentin

Vous trouvez cette activité à la page 88.

----
un réveil [ɛ̃Rɛwɛj] ein Wecker – **fragile** [fRaʒil] zerbrechlich – **une chaise** [ynʃɛz] ein Stuhl – **un vase** [ɛ̃waz] eine Vase – **là-haut** [lao] da oben – **à tout à l'heure** [atutalœR] bis dann – **les chaussures** [leʃosyR] die Schuhe – **une cravate** [ynkRavat] eine Krawatte – **le verre** das Glas – **le camion** der Lastwagen

⟨Auto-contrôle⟩ *(Vous trouvez les solutions à la page 95.)*

1 **Les verbes** (G 13, 14, 17, 18) – *Vervollständigt die Tabelle.*

				passé composé
weggehen	tu pars	nous partons	ils partent	ils sont partis
schlafen	je dors	vous dormez	on dort	elle a dormi
hinausgehen	il sort	nous sortons	elles sortent	elle est sortie
erhalten	je reçois	vous recevez	ils reçoivent	elles ont reçu
müssen	tu dois	nous devons	elles doivent	ils ont dû
kommen	elle vient	vous venez	ils viennent	elles sont venues

2 **Les Carbonne** (G 15) – *Schreibt die Sätze im* passé composé *in euer Heft.*

Manon et Emma vont à l'école ensemble. Dans la cour, Emma ne joue pas, elle fait la tête. Après l'école, les sœurs reviennent ensemble. Valentin prend le bus parce qu'il rentre à cinq heures. Madame Carbonne reste à la maison. Elle doit préparer le repas parce qu'elle reçoit la visite des voisins.

3 **Une super fête d'anniversaire** (G 16) – *Schreibt die Geschichte im* passé composé *in euer Heft.*

| Lisa et Marie / arriver à 17h | Mes parents / ne pas rester / sortir à 17h30 | Les bouteilles / tomber à 18h | Mes parents / revenir à 18h30. Ma mère / entrer dans la cuisine à 18h32. | Mes copains / partir à 18h34. |

4 **En français** (G 19) – *Traduisez.*

1. Musik interessiert euch nicht? La musique ne vous intéresse pas?

2. Meine Mutter versteht uns. Ma mère nous comprend.

3. Ich schicke dir meine Fotos. Je t'envoie mes photos.

4. Sie lädt mich oft ein. Elle m'invite souvent.

5 **Je ne comprends pas.** (G 20) – *Bringt die Wörter in die richtige Reihenfolge. Schreibt sie in euer Heft.*

1. a | appeler | m' | elle | hier | dû
2. ils | Toulouse | montrer | demain | vont | nous
3. vous | pouvons | inviter | ne | nous | pas
4. dois | demander | chose | je | une | te
5. vous | me | adresse | votre | donner | devez

Portfolio

Das kann ich schon! → *nach L1–3*

Du hast in den ersten Lektionen schon eine Menge gelernt. Hier kannst du feststellen, wie fit du bist. Male die Ampeln an der passenden Stelle an. Wenn du dir nicht sicher bist, dann wiederhole noch einmal die Übung in der rechten Spalte.

Die Fertigkeiten, bei denen du „Das muss ich noch üben." angekreuzt hast, solltest du dir in den nächsten Wochen noch einmal genau vornehmen.

Selbsteinschätzung vom: _____

(Trage bitte hier das Datum ein.)

Klappt super!   Ich mache noch Fehler.   Das muss ich noch üben.

	Ich kann …		Übung im …
Sich auf Französisch verständigen	… einen Prospekt lesen und verstehen.		CdA L 1, S. 10/Ex.13 SB L 2, S. 33/Album
	… eine Postkarte schreiben.		CdA L 1, S. 9/Ex.12 SB L 1B, S. 18/Ex.5
	… eine Geschichte in der Vergangenheit schreiben.		CdA L 1, S. 8/Ex.11
	… Zahlen hören und verstehen.		CdA L 2, S. 16/Ex.7 SB L 2A, S. 27/Ex.7
	… einen Wetterbericht hören und verstehen.		CdA L 2, S. 17/Ex.11 SB L 2B, S. 30/Ex.5
	… über meinen Alltag in der Vergangenheit sprechen.		CdA L 2, S. 12/Ex.1 SB L 2A, S. 25/Ex.3 SB L 2A, S. 26/Ex.4
	… meine Gefühle beschreiben und meine Neigungen ausdrücken.		CdA L 3, S. 29/Ex.13 SB L 2A, S. 27/Ex.8
Frankreich/ französisch- sprachige Länder	… Paris und Toulouse vergleichen.		CdA L 2 und L 3 SB L 2 und L 3

Lern- und Arbeitstechniken (Kreuze an.) Ich habe …	häufig	manchmal	nie
… unbekannte Wörter aus einem Text erschlossen.			
… das Genus unbekannter Nomen richtig erkannt.			
… mit Tandembögen Dialoge gespielt.			
… Auto-contrôle-Aufgaben gelöst und die Lösungen verglichen.			
… französische Lieder gesungen und Gedichte oder Reime aufgesagt.			

Was ich für mein Sprachenlernen in nächster Zukunft häufiger tun will:

_____

Schau dir die Liste noch einmal an: Wähle aus dem ersten Bereich die Einträge aus, die du **grün** angemalt hast. Übertrage sie in die **erste Tabelle** am Ende des *Cahier*.

Klettbuch 522014 Découvertes Cadet 2, Cahier d'activités. © Ernst Klett Verlag GmbH, Stuttgart 2008.
Von diesen Vorlagen ist die Vervielfältigung für den eigenen Unterrichtsgebrauch gestattet. Die Kopiergebühren sind abgegolten.

LEÇON 4

Vivre à Toulouse

1 Le match → *nach SB, S. 51*

Ecrivez les mots qui manquent (die fehlenden Wörter) dans la grille (Gitter) et trouvez le nom d'un grand pilote français.

Dans le ___stade___ (1), le match de rugby

commence. Les ___fans___ (2) sont là quand

les ___joueurs___ (3) arrivent avec leur

___ballon___ (4).

Il y a une ___ambiance___ (5) super.

___A la fin___ (6), l'équipe de Fabien

___gagne___ (7), et ils sont très contents.

1	S	T	A	D	E ²			
2	F	A	N ⁴	S				
3	J ¹	O	U	E	U	R ⁶	S	
4	B	A	L	L	O ⁸	N		
5	A	M ⁵	B	I	A	N	C	E
6	A		L	A ³		F	I	N
7	G	A	G	N	E ²			

J	E	A	N		M	E	R	M	O	Z	est un grand pilote français.
1	2	3	4		5	2	6	5	8		

2 Au stade (G 21) → *nach SB, S. 51*

Remplacez les mots soulignés par les bons pronoms.
(Ersetzt die unterstrichenen Wörter durch die Pronomen.)

le   la
les   l'

1. Emma cherche Cécile. Elle ___la___ trouve devant le stade.

2. Elles attendent Fabien. Elles ___le___ voient avec des copains.

3. Emma n'aime pas beaucoup les copains de Fabien. Elle ne ___les___ trouve pas sympas.

4. Après le match, Fabien et Cécile rentrent avec Emma. Ils ___l'___ accompagnent à la maison.

5. La couleur de la maison est bizarre, mais Cécile et Fabien ___l'___ aiment bien.

A Bienvenue à Blagnac!

3 Jeu de questions (G 21) → *nach SB Ü3, S. 53 (Bastelbogen III)*

Travaillez à deux. Décidez (Entscheidet) qui prend le tableau A et qui prend le tableau B.
L'élève A commence et dit le numéro et la lettre d'une case (Feld) rose.
L'élève B pose la question qu'il trouve dans cette case et l'élève A donne la réponse.
Puis l'élève B continue. N'oubliez pas d'utiliser les pronoms objets directs.

Exemple: – Elève A «A3»
    – Elève B «Emma, tu as retrouvé **le plan de Toulouse**?»
    – Elève A «Non, je ne **l'**ai pas retrouvé.»
    – Elève B «D1»
    – …

4 **L'arrivée à Blagnac** → *nach SB S. 52, Abschn. 2*

Lisez les deux premières parties du texte. Puis, mettez les mots dans le bon ordre et accordez les verbes (gleicht die Verben an). Commencez avec les cases (Felder) rouges. Ecrivez le texte dans votre cahier.

1. Les Carbonne – maintenant – à Blagnac – habiter – la banlieue de Toulouse – dans
2. Leur maison – trois chambres – avoir – pour les enfants – un jardin
3. Leurs voisins – des Italiens – être
4. Ils – en France – depuis trente ans – déjà – habiter
5. Les Carbonne – très sympas – les – trouver
6. Aujourd'hui, – à l'école – Manon – aller chercher – M. Carbonne
7. Ils – dans un magasin – pour acheter – aller – une étagère
8. A la maison, – avoir refait – de la maison – Mme Carbonne – la peinture
9. Manon – la couleur bleue – aimer – mais – trouver – M. Carbonne – la – bizarre,

5 **Vous connaissez les verbes?** (G 22, 23, 24) → *vor SB Ü5, S. 54*

Complétez la grille avec les bonnes formes des verbes connaître, plaire et vivre.
Si vous avez bien travaillé, vous trouvez quelque chose qu'on aime bien à Toulouse.

il/elle	V	I	T			tu as	C	O	N	N	U [7]
ils/elles	P	L [1]	A [4]	I	S	E [9]	N	T			
il/elle	C	O	N	N	A	Î	T				
nous	V	I	V	O	N	S		il a	P	L	U [8]
vous	C	O	N	N	A	I	S	S	E	Z	
vous	V	I	V	E [2]	Z		il a	V	É	C [3]	U
il/elle	P	L	A	Î	T		je	V	I	S	
ils/elles	V	I	V	E	N	T [10]	tu	V	I	S	
nous	C	O [6]	N	N	A	I	S [5]	S	O	N	S

L	E		C	A	S	S	O	U	L	E	T
1	2		3	4	5	5	6	7	8	9	10

B Des surprises

6 Deux amoureux (G 25) → *nach SB S. 55, Abschn. 1*

Complétez les phrases avec qui *ou* que.

Ce Fabien! C'est un garçon _que_

j'aime bien et _qui_ est très sportif.

Il est un très bon joueur de rugby _qui_

a beaucoup de fans. C'est un bon copain

que tout le monde trouve sympa

et _que_ je voudrais bien voir plus souvent.

Emma, c'est une fille _que_ je trouve

très cool. Je la vois souvent avec ma sœur

qui est son amie. C'est une fille

qui est très jolie et _que_

beaucoup de garçons trouvent très mignonne[1].

7 Manon veut tout savoir. (G 25) → *nach SB Ü2, S. 56*

Emma et Manon sont à la maison. Le téléphone sonne et Emma répond. Manon écoute. Après, elle pose beaucoup de questions. Complétez les phrases et écrivez les questions de Manon dans votre cahier. Ensuite, trouvez la bonne réponse d'Emma.

Exemple: Avec qui est-ce que tu as téléphoné?

            C'est un garçon que je connais?

Manon			Emma
1. Avec qui est-ce que tu as téléphoné ? *C'est un garçon … que*	je connais?		1 Tu es bête.
2. C'est un garçon … qui	habite à Toulouse?		2 Oui. Pourquoi pas?
3. Il a une sœur … que	tu aimes bien?	qui que qu' où	7 Je ne sais pas.
4. Et qui a envoyé l'e-mail … que	tu as reçu hier?		6 Tu m'énerves!
5. C'est le garçon… que	tu as rencontré à Odyssud?		3 Je ne le dis pas.
6. Odyssud, c'est une salle … où	on écoute des CD?		5 Ce n'est pas ton problème.
7. C'est un garçon … qui	joue au rugby?		8 Peut-être.
8. Je sais maintenant. Le garçon … qui	a téléphoné, c'est Fabien.		4 Tu regardes mes e-mails?
9. Tu sais. C'est un garçon … qu'	on n'aime pas au collège.		9 Arrête. Va jouer avec tes copines!

_____
1 mignon, mignonne hübsch

8 **Toujours perdre et chercher.** (G 26) → *nach SB Ü5, S. 57*

Cochez la bonne forme du participe passé.

1. Valentin, tu as vu Manon?	Non, je ne l'ai pas	☐ vu	☒ vue	☐ vus	depuis une heure.
2. Emma, tu as retrouvé le portable de papa?	Oui, je l'ai	☒ trouvé	☐ trouvée	☐ trouvés	sur la table.
3. Où est-ce que vous avez mis mes CD?	Nous les avons	☐ mises	☒ mis	☐ mise	sur l'étagère.
4. Je ne vois pas la guitare de Valentin.	Je l'ai	☐ rangé	☒ rangée	☐ rangés	dans sa chambre.
5. Où sont les BD de Manon?	Je les ai	☐ mis	☐ mise	☒ mises	dans la salle de séjour.

C Le premier rendez-vous

9 **Ça ne va pas?** → *nach SB Ü4, S. 61*

Vous trouvez cette activité à la page 89.

10 **On fait des rimes.** (G 27) → *nach SB S. 59, Abschn. 2*

Regardez les dessins et faites des rimes. Utilisez ce, cet, cette, ces.

Ce chat

est très sympa.

Cette voiture

a une jolie peinture.

Cet acteur

plaît à ma sœur.

Ces messieurs

sont très vieux.

Ce ballon

est dans un carton.

Cet enfant

cherche ses parents.

Ces chiens

ne respectent pas mon jardin.

Cette souris

est dans mon lit.

11 **Max va bientôt arriver.** (G 28) → *nach SB Ü3, S. 60*

Max, un copain allemand de Fabien, va venir le voir à Toulouse. Fabien veut préparer la visite.
Il téléphone à Max. Trouvez les questions de Fabien. Utilisez quel, quelle, quels, quelles.

1. Tu prends quel train _____ ? – Je prends le train à 8h15.

2. A quelle heure est-ce que tu arrives à Toulouse _____

_____ ? – J'arrive à Toulouse à 14h18.

3. Quel est ton numéro de portable _____

_____ ? – Mon numéro de portable est le 0177/34012.

4. Quels films t'intéressent _____

_____ ? – Les films d'Audrey Tautou m'intéressent.

5. Tu fais quel sport _____ ? – Je fais du foot.

6. Quelles équipes de foot est-ce que tu trouves bien _____

_____ ? – J'adore les équipes du VfB Stuttgart et de Borussia Dortmund.

12 **Jeu de sons** → *nach SB Ü5, S. 61*

a *Regardez les dessins et trouvez les mots avec* [o] *ou* [ɔ]. *Ecrivez-les dans la bonne colonne (Spalte).*

[o]	[ɔ]
le piano	le soleil
le gâteau	la gomme
l'hôpital	l'ordinateur
le métro	le pilote
la vidéo	le policier*
la photo	le professeur*
le sac à dos	la robe
le vélo	la porte

b *Ecoutez les mots et vérifiez (überprüft) le tableau.*

c *Dans quels mots est-ce qu'il n'y a pas les sons* [o] *ou* [ɔ]? *Cherchez l'intrus.*

☐ bientôt	☒ amoureux	☐ sortir	☐ encore
☐ joli	☐ mauvais	☐ la mode	☒ bonjour
☐ pauvre	☐ d'accord	☒ le monsieur	☐ bientôt
☒ partout	☐ désolé	☐ la chose	☐ à propos

*Hinweis der Redaktion: Die offizielle Aussprache lautet mit einem offenen [ɔ], wobei sehr häufig ein geschlossenes [o] zu hören ist.

13 **En français: Un fan de rugby** → *an beliebiger Stelle*

a *Tu es à Toulouse avec Anna, une amie allemande, chez ton cousin Patrick. Patrick est un fan de rugby et il veut vous montrer le stade de Blagnac. Anna ne parle pas français. Alors, tu fais l'interprète.*

Anna	Toi	Patrick
Frage Patrick, ob er oft ins Stadion geht.	1. Est-ce que tu vas souvent au stade?	
	2. Er sagt, er liebe diesen Sport. Bei den Spielen gebe es immer eine tolle Atmosphäre.	J'adore ce sport. Dans les matchs, il y a toujours une ambiance super.
Sag ihm, dass ich diesen Sport überhaupt nicht kenne.	3. Elle ne connaît pas du tout ce sport.	
	4. Das macht nichts. Du kannst ihm Fragen stellen.	Ce n'est pas grave. Tu peux me poser des questions.
Frag ihn, wie viele Spieler es beim Rugby gibt.	5. Combien de joueurs est-ce qu'il y a dans le rugby?	
	6. Es gibt zwei Mannschaften mit 15 Spielern.	Il y a deux équipes avec 15 joueurs.
Frag ihn, wie lange ein Spiel dauert (durer).	7. Un match dure combien de temps?	
	8. Es dauert zweimal 40 Minuten.	Il dure deux fois 40 minutes.
Frag ihn, ob viele französische Schüler Rugby spielen, und ob es viele Fans gibt.	9. Est-ce qu'il y a beaucoup d'élèves français qui jouent au rugby et est-ce qu'il y a beaucoup de fans?	
	10. Rugby ist ein Sport, den viele Franzosen sehr gerne mögen. Er möchte wissen, ob man in Deutschland auch Rugby spielt.	Rugby est un sport que beaucoup de Français adorent. Est-ce qu'en Allemagne on joue aussi au rugby?
Sag ihm, dass es bei uns nicht viele Leute gibt, die diesen Sport kennen. Sie mögen lieber Fußball.	11. Chez nous, il n'y a pas beaucoup de gens qui connaissent ce sport. Ils préfèrent le foot.	C'est vraiment dommage[1]. C'est un beau sport.

b *Ecris un petit texte sur un sport que tu aimes. Fais aussi un ou deux dessins.*

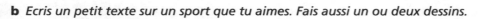

1 **C'est vraiment dommage.** Das ist wirklich schade.

14 **Ecouter: Quelle surprise!** → *an beliebiger Stelle*

59

a *Ecoutez le texte une première fois et cochez
la bonne réponse.*

1. Isabelle habite	☐ à Toulouse	☐ près d'Anne	☒ dans un village
2. Anne et Céline prennent	☐ le bus	☒ le train	☐ le vélo
3. Anne a oublié	☒ le papier d'Isabelle	☐ le plan de la ville	☐ le nom de la rue
4. Le monsieur	☐ connaît le chemin	☐ connaît Isabelle	☒ ne peut pas les aider
5. La dame	☐ demande le chemin à un monsieur	☐ accompagne les filles	☒ sait où est la rue
6. L'autre dame est	☐ la fille d'Isabelle	☒ la mère d'Isabelle	☐ une amie d'Isabelle

b *Dessinez le chemin pour aller chez Isabelle. Où est la rue des Ecoles?*

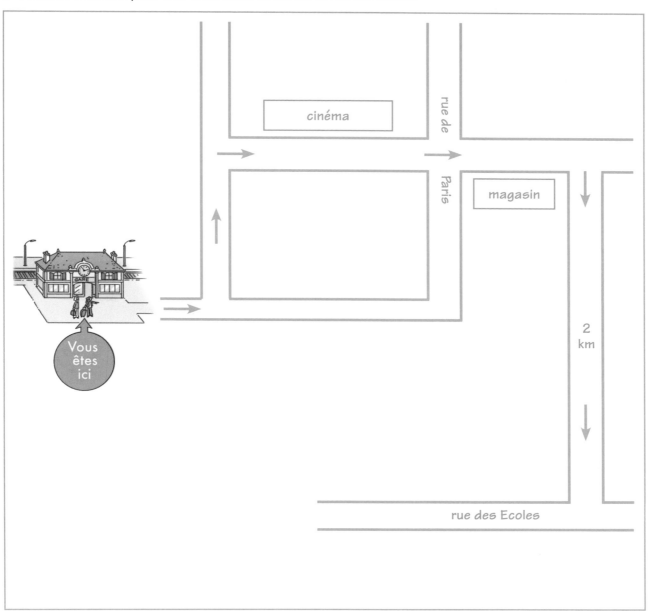

c *Isabelle attend déjà ses amies. Quand elle les voit arriver avec sa maman, elle est
très surprise (überrascht) et elle pose des questions. Anne et Céline racontent.
Ecrivez le dialogue entre Anne, Céline, Isabelle et sa mère.*

15 **Lire: Dialogue** → *nach SB Ü6, S. 58*

a *Regardez encore une fois la stratégie à la page 58 dans votre livre.*

1. *Regardez les trois dessins. Qui parle avec qui?*
   Quelles sont les émotions (Stimmungen) de la fille?

Illustrations de Jacques Azam © Editions Milan

2. *Dans les dessins suivants vous voyez un chat. Qu'est-ce qu'il fait? Répondez en allemand.*

se frotter contre les jambes	se lécher une patte	se nettoyer les moustaches	se rouler à ses pieds	s'étirer paresseusement	dresser une oreille

b *Lest nun den folgenden Text zügig zu zweit durch ohne euch mit unbekannten Wörtern aufzuhalten. Versucht dann die zwei Fragen auf Französisch zu beantworten.*

1. Pourquoi est-ce que Clara parle au chat?   *(Clara parle au chat parce qu'elle est triste et seule.)*

2. Est-ce que le chat peut l'aider?   *(Non, il ne peut pas l'aider parce qu'il ne peut pas parler.)*

> Clara est assise sur un banc, dans le parc. Un chat vient se frotter contre ses jambes.
> – Bonjour, chat, dit Clara. Comment ça va?   – Le chat ne répond pas.
> – Moi, ça ne va pas, dit Clara. Papa n'a plus de travail.
> Le chat se lèche une patte.
> – Hier soir, Maman a pleuré[1], continue Clara. Comment on va faire pour payer[2] le loyer[3] […]?
> Le chat se nettoie les moustaches.
> – J'ai dit à maman: «Je te donne tout mon argent[4]. Tu sais, j'ai vingt-deux euros dans ma tirelire[5].
> Le chat se roule à ses pieds.
> – On va devoir quitter la maison? Qu'est-ce que tu penses? demande Clara.
> Le chat s'étire paresseusement.
> – Pourquoi est-ce que c'est comme ça? Pourquoi est-ce qu'il y a des gens qui ont beaucoup
>   d'argent et d'autres qui n'ont rien?
> Le chat dresse une oreille.
> – Hé! chat! fait Clara. Je te parle. Pourquoi tu ne réponds pas?
> – Parce que les chats, ça ne parle pas, dit le chat.
> – Ah, c'est vrai, dit Clara, j'ai oublié, excuse-moi.
> – Miaou! répond le chat.
>
> Histoires minute de Bernard Friot, Illustré par Jacques Azam; coll. Milan Poche Cadet © Editions Milan

c *Lest den Text ein zweites Mal durch.*

1. *Unterstreicht mit einem Lineal, die unbekannten Wörter, die ihr erschließen
   könnt (Zeichnungen, Kontext).*
2. *Teilt den Text nun in einzelne Abschnitte auf und erzählt auf Französisch, welche Sorgen Clara hat.*
3. *Versucht auf Französisch zu sagen, warum der letzte Satz komisch ist.*
   (La dernière phrase est bizarre parce que le chat dit: «Les chats ne parlent pas», mais il parle.)

---

1 pleurer weinen – **2 payer** bezahlen – **3 le loyer** die Miete – **4 l'argent** *(m)* das Geld –
5 la tirelire die Spardose

16 **Une lettre** (G 29)   → *vor SB Ü2, S. 60*

Complétez la lettre avec la bonne forme de beau , vieux , nouveau .

Chère Malika,

Nous sommes maintenant dans notre _nouvelle_____

maison à Blagnac. Elle est très _belle_____, mais je pense souvent

à notre _vieil_____ appartement à Paris. J'ai bien aimé les

_vieux_____ quartiers de Paris. A Blagnac, il n'y a pas beaucoup de

_vieilles_____ maisons. Tout est _nouveau_____.

Mais il y a aussi des _belles_____ choses. Nous avons un

_beau_____ jardin avec un _bel_____ arbre dans la cour.

J'ai une _belle_____ chambre et maman aime beaucoup

sa _nouvelle_____ cuisine.

J'ai trouvé des _nouveaux_____ copains, mais je n'oublie pas

mes _vieux_____ amis du collège Anne Frank.

Bises

Emma

 17 **Les pronoms objets**   → *an beliebiger Stelle*

Complétez par les pronoms objets me, m', te, t', nous, vous.

«Valentin, tu _m'_____

aides un peu avec le

repas?»

«Non, je ne peux pas

_t'___ aider main-

tenant. Il y a un match

de rugby à la télé.»

«Vous n'allez pas

_nous_____ oublier?»

«Mais non. On va tout

de suite _vous_____

envoyer une carte

postale.»

«Tu peux _me____

donner ton numéro de

portable? Je voudrais

_t'___ appeler.»

«Non, ne _me___

téléphone pas. Tu peux

_m'____ écrire.»

«Chéri, tu _nous_____

fais un gâteau?»

«Non, pas maintenant.

Il est midi, et je vais

_vous_____ faire un

bon cassoulet.»

18 **Marc fête son anniversaire.** → *an beliebiger Stelle*

	de	marcrivoli@wanadoo.fr
	à	amiscollege@wanadoo.fr; amiescollege@wanadoo.fr; cousins@wanadoo.fr; cousines@wanadoo.fr

objet: Je vous invite

Chers amis,
Je vous invite chez moi samedi pour fêter mon anniversaire le 8 mai. Deux de mes copains de Paris
vont aussi être là. D'abord, nous allons manger des crêpes dans le jardin, et après, nous pouvons
aller au stade pour jouer au foot ou nous pouvons faire un tour en vélo au bord de la Garonne.
Répondez vite.

Salut
Marc

a *Vous avez reçu cet e-mail. Cochez la phrase correcte.*

1. Le mail est pour
   - ☐ un ami
   - ☐ Marc
   - ☒ des copains

2. C'est pour fêter
   - ☐ l'arrivée d'un ami
   - ☐ des copains de Paris
   - ☒ un anniversaire

3. La fête est
   - ☐ en automne
   - ☒ le 8 mai
   - ☐ le 2 juin

4. Ils vont d'abord
   - ☒ manger des crêpes
   - ☐ faire du vélo
   - ☐ aller au stade

b *Ecrivez une réponse à Marc.*

	de	
	à	marcrivoli@wanadoo.fr

objet: ta fête d'anniversaire

⟨Auto-contrôle⟩ *(Vous trouvez les solutions à la page 95.)*

1 Quelle est la bonne forme des verbes? (G 22–24)

Complétez le tableau.

kennen	connaître	elle connaît	nous connaissons	tu as connu
gefallen	plaire	tu plais	il plaît	ils ont plu
leben	vivre	nous vivons	ils vivent	il a vécu

2 Mettons des pronoms. (G 21) – *Remplacez les mots soulignés par des pronoms.*

1. Emma cherche ses CD. Elle ne les trouve pas.
2. Valentin ne veut pas regarder le film. Il ne l' intéresse pas.
3. Tu connais l'adresse de Cécile? – Oui, je la connais.
4. Vous avez acheté l'album de Zebda? – Non, nous ne l' avons pas acheté. C'est trop cher!
5. Fabien est un bon joueur de rugby. Emma le trouve sympa.

3 A Blagnac (G 25, 29)

Mettez les formes de beau, vieux *et* nouveau *et le pronom relatif* qui, que *ou* où.

1. Voilà le nouveau (nouveau) collège où Emma va maintenant.
2. Cécile est une belle (beau) fille que tout le monde trouve sympa.
3. La famille qui habite à côté des Carbonne vient d'Italie.
4. Voilà le vieux (vieux) stade où Fabien joue au rugby.
5. Mme Carbonne a trouvé un nouveau (nouveau) travail qui est intéressant.
5. Voilà les nouvelles (nouveau) photos qu' Emma envoie aux copains de Paris.

4 Emma et Cécile à Toulouse (G 27, 28)

Cécile montre Toulouse à Emma. Emma pose beaucoup de questions pour tout savoir.
Complétez le dialogue avec ce, cet, cette, ces *à gauche et par* quel, quelle, quels, quelles *à droite.*

Cécile	Emma
Ici, j'achète mes vêtements. J'adore ce magasin.	Dans quels magasins est-ce que tu achètes tes chaussures[1]?
Regarde ces jolis quartiers.	Dans quel quartier est-ce que tu habites?
J'aime bien cette rue où tu habites.	Toi, tu habites dans quelle rue?
Tu vois cet arbre là-bas? J'aime ce square.	Quel arbre? Le square à côté de l'entrée de l'école?
Dans ce cinéma, on montre des bons films.	Quelles actrices est-ce que tu adores?

---

1 **les chaussures** *(f./pl.)* die Schuhe

LEÇON 5

La classe fait de la vidéo.

1 Un projet → *nach SB, S. 67*

Cochez la bonne réponse.

Aujourd'hui, les élèves de [x] la 4e B / [ ] la classe / [ ] la cour   vont faire [ ] un gâteau / [ ] un texte / [x] une interview   avec Cécile. Ils vont lui poser

des questions sur [ ] les notes / [x] la vie / [ ] les profs   au collège et ils vont [ ] regarder / [x] tourner / [ ] filmer   une vidéo qu'ils veulent envoyer

aux élèves de [x] Dakar, / [ ] Paris, / [ ] Toulouse,   au [x] Sénégal. / [ ] collège. / [ ] restaurant.   Ils sont [ ] contents / [x] sûrs / [ ] tristes   que ça va leur [x] plaire. / [ ] faire. / [ ] mettre.

Ils discutent [x] du projet / [ ] de la nature / [ ] du prof   à la cantine. Marco, qui est [ ] sympa / [ ] désolé / [x] malade   aujourd'hui, doit tourner la vidéo.

Alors, Grégory va lui [ ] téléphoner / [x] expliquer / [ ] demander   leur idée. Ils appellent leur vidéo «A la découverte

d'un autre [x] pays.» / [ ] professeur.» / [ ] club.»

2 Les questions du prof (G 30) → *nach SB S. 67*

Depuis une semaine, Emilie et Noémie font un projet sur les élèves de Dakar. Mais aujourd'hui, Emilie est malade. Alors, le professeur de français pose des questions à Noémie. N'utilisez pas lui *et* leur *dans ses questions.*

① Qui explique le projet à Emilie? _____

② Qui va écrire aux élèves de Dakar? _____

③ Vous allez envoyer une vidéo aux élèves de Dakar? _____

④ Tu penses que ça va plaire aux élèves de Dakar? _____

① **Moi, je lui** explique notre projet.

② Emilie va **leur écrire.**

③ Oui, nous allons **leur** envoyer une vidéo.

④ Oui, je pense que ça va **leur** plaire.

A Une journée de Cécile (I)

3 **A propos du texte** → *nach SB Ü1, S. 69*

a *Qui parle?*

Cécile	Pion	Marco	Olivier	Fabien	Emma
Il est déjà 7 heures et quart.	Il a lu Goethe toute la nuit.	Il a été malade.	Il est Belge.	Il attend Cécile.	Cécile doit donner ses choux à Olivier.

«Vous pouvez m'expliquer le projet?»

«Je déteste partir vite à l'école.»

«Pour apprendre l'allemand il faut lire Goethe.»

«Donne tes choux de Bruxelles à Olivier.»

«Moi, j'aime beaucoup les choux de Bruxelles.»

«Cécile est toujours en retard.»

b *Expliquez quand et pourquoi les enfants disent cela. Ecrivez les explications (Erklärungen) sous les noms.*

4 **Jeu de mots: Au collège** → *nach SB Ü2, S. 73*

Trouvez les mots et complétez la grille. Ecrivez sans accents.

1. Dans cette salle, il y a les élèves et un ?
2. Emma n'aime pas les choux de Bruxelles. Elle les ?
3. Aujourd'hui, il y a un ? de nouilles à la cantine.
4. Pendant ce cours, on apprend par exemple 45:4=11,25. C'est un cours de ?
5. L'Allemagne, la France, le Sénégal, ce sont des ?
6. Le repas qu'on prend le matin, c'est le ?
7. Le pion dort maintenant. Il est ? train de dormir.
8. A midi, les élèves prennent leur repas à la ?
9. Un dessert que Cécile aime beaucoup, c'est le ?
10. Olivier a mal à la tête. Il est ?

→ Quand un professeur est malade, les élèves vont dans cette salle de classe. C'est la salle de ?

	1	P	I	O	N				
	2	D	E	T	E	S	T	E	
	3	G	R	A	T	I	N		
4	M	A	T	H	E	M	A	T	I	Q	U	E	S
	5	P	A	Y	S				
6	P	E	T	I	T	–	D	E	J	E	U	N	E	R
	7	E	N		
	8	C	A	N	T	I	N	E	
9	C	H	O	U	A	L	A	C	R	E	M	E
	10	M	A	L	A	D	E	

5 Une fille super! (G 30) → *nach SB Ü4, S. 70*

Mme Duvivier raconte à sa fille Marie: «Je connais une fille super!» Marie veut savoir de qui elle parle et pose des questions. Complétez les phrases à gauche avec les éléments verts et les phrases à droite avec les éléments jaunes. Barrez les éléments que vous avez déjà utilisés. Quelquefois, il y a plusieurs possibilités.

à ses frères et sœurs		lui
au chat		lui
à ses copines		lui
à sa mère		leur
à ses parents		leur
à sa petite sœur		leur

Marie	Mme Duvivier
1. Est-ce qu'elle dit toujours _à sa mère_ où elle va?	Oui, elle _lui_ dit toujours où elle va.
2. Est-ce qu'elle ne fait jamais de problèmes _à ses parents_ ?	Non, elle ne _leur_ fait jamais de problèmes.
3. Est-ce qu'elle explique les devoirs _à ses frères et sœurs_ ?	Oui, elle _leur_ explique les devoirs.
4. Est-ce qu'elle raconte une histoire _à sa petite sœur_ chaque soir?	Oui, elle _lui_ raconte une histoire chaque soir.
5. Est-ce qu'elle téléphone souvent _à ses copines_ ?	Non, elle ne _leur_ téléphone pas souvent.
6. Est-ce qu'elle donne à manger _au chat_ ?	Oui, elle _lui_ donne à manger.

Puis, Marie demande: «Mais qui est cette fille?» – «C'est toi ma chérie, dans mes rêves», répond Mme Duvivier.

6 Jérémy est bizarre. (G 30) → *nach SB Ü5, S. 71*

*Marco et Jérémie sont chez Olivier. Jérémie ne parle pas beaucoup. Complétez les phrases.
Utilisez les verbes donnés et mettez les pronoms les, lui, leur dans les cases jaunes.
Faites des phrases positives (☺) ou négatives (☹).*

① Olivier et Marco veulent écouter un CD, mais Jérémie _ne_ _le_ _trouve_ _pas_ bien (☹ trouver). ② Marco parle à Jérémie, mais il _ne_ _lui_ _répond_ _pas_ (☹ répondre). ③ Ils montrent des photos à Jérémie, mais il _ne_ _les_ _regarde_ _pas_ (☹ regarder). ④ Puis, Olivier et Marco demandent: «Qu'est-ce que tu as, Jérémie?» ⑤ Mais Jérémie _ne_ _veut_ _pas_ _leur_ _expliquer_ (☹ vouloir expliquer). ⑥ Tout à coup, Marco dit: «Je sais maintenant: ma sœur m'a raconté qu'Anne, ta copine, t'a quitté. ⑦ Mais elle a dit qu'elle est triste aussi. ⑧ Alors, tu _dois_ _lui_ _téléphoner_ tout de suite» (☺ devoir téléphoner). ⑨ Jérémie dit: «Ta sœur est très sympa. Tu _lui_ _dis_ merci?» (☺ dire).

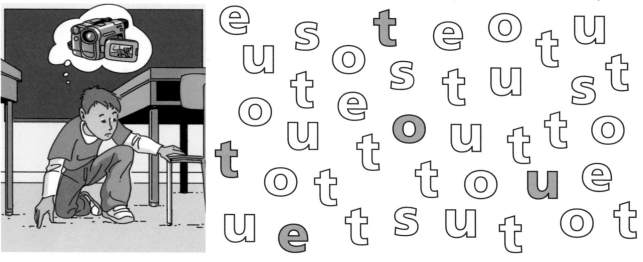

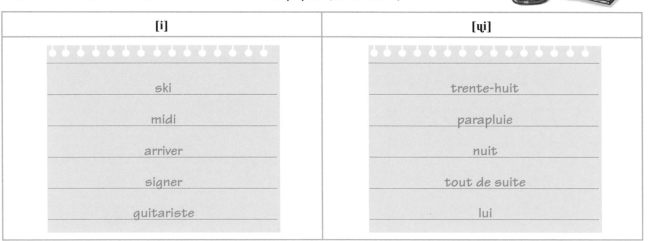

7 **Où est la caméra?** (G 31) → *nach SB Ü2, S. 69*

Complétez le texte par tout, toute, tous, toutes. *Coloriez toutes les lettres que vous utilisez dans les réponses.*

Marco veut commencer à tourner la vidéo, mais où est la caméra? Elle n'est pas là. Il la cherche dans _toute_

la salle de classe, il regarde sous _tous_ les bancs et sur _toutes_ les tables,

mais il ne trouve rien. Il cherche dans _tout_ le CDI et dans _toute_ la cour

du collège. Il demande à _tous_ ses copains et à _toutes_ les filles,

mais ils n'ont rien vu. Marco a peur. Est-ce qu'il a perdu la caméra? Tout à coup, sa maman arrive avec

la caméra. Elle dit: «Tu as oublié ta caméra sur la table de la cuisine. La voilà!» – «Merci, maman, tu es super!

Toute la classe va être contente.»

8 **Jeu de sons** → *nach SB Ü7, S. 71*

69

a *Ecoutez et écrivez les mots sur le bon bout de papier (Notizzettel).*

[i]	[ɥi]
ski	trente-huit
midi	parapluie
arriver	nuit
signer	tout de suite
guitariste	lui

b *Lisez les mots et cherchez l'intrus.*

1 ☐ débuter	**2** ☐ la nuit	**3** ☒ Chapuis
☐ un bus	☐ un fruit	☐ une guitare
☐ la flûte	☒ une nouille	☐ la musique
☒ le cuisinier	☐ le parapluie	☐ quitter

5

9 **Ecouter: A la cantine** → *an beliebiger Stelle*

70

a *Il est midi. Emilie et Léa vont aller à la cantine. Ecoutez le dialogue. Cochez la bonne réponse.*

1. Emilie et Léa	☐ sont en train de travailler pendant le cours de géo. ☐ viennent de finir le cours de SVT. ☒ vont aller manger.	2. Emilie	☐ trouve le cours de géo intéressant. ☒ n'aime pas le cours de géo. ☐ adore le cours de géo.
3. Les filles vont vite à la cantine	☐ pour voir les copains. ☒ pour avoir encore un dessert. ☐ pour parler aux garçons.	4. Qui aime les choux de Bruxelles?	☒ Emilie ☐ Léa ☐ Le père de Léa
5. Emilie	☐ déteste les gratins. ☐ aime les gratins de la cantine. ☒ aime les gratins de son père.	6. Quand on arrive trop tard à la cantine,	☒ il n'y a plus de desserts. ☐ il n'y a plus de places. ☐ il n'y a plus rien à manger.

b *Répondez aux questions.*

1. Les filles aiment beaucoup manger les repas suivants, mais ils ne sont pas bons partout.

Cochez la bonne réponse.

☐ à la cantine ☒ chez les parents d'Emilie ☐ chez les parents de Léa	☒ à la cantine ☐ chez les parents d'Emilie ☐ chez les parents de Léa	☒ à la cantine ☐ chez les parents d'Emilie ☐ chez les parents de Léa	☐ à la cantine ☒ chez les parents d'Emilie ☐ chez les parents de Léa	☒ à la cantine ☐ chez les parents d'Emilie ☐ chez les parents de Léa

2. Quels sont les bons repas que font les parents d'Emilie? <u>Son père fait des bons gratins et sa mère fait</u>

<u>un bon cassoulet</u>_____ .

3. Qu'est-ce que les deux filles aiment bien à la cantine? <u>Elles aiment les nouilles et les desserts</u>_____

_____ .

c *Est-ce que tu penses que c'est bien de manger à la cantine? Dis pourquoi. Ecris six à huit phrases.*

B Une journée de Cécile (II)

 10 **Jeu de verbes** (G 32) → *nach SB Ü3, S. 73*

a *Jouez aux dés avec votre partenaire. Multipliez les points sur les deux dés (Multipliziert die Punkte auf den beiden Würfeln). Ecrivez les formes dans votre cahier. Le premier groupe qui a trouvé toutes les formes a gagné.*

Exemple: 🎲 🎲 → 2 x 4 = 8 → je dors

Regardez dans votre livre de grammaire pour contrôler vos solutions.

je		tu		il / elle / on	
1	choisir	2	réfléchir	3	applaudir*
8	dormir	9	finir*	10	sortir
18	réussir	20	partir	24	finir

nous		vous		ils / elles	
4	dormir	5	finir	6	sortir*
12	choisir*	15	partir	16	réfléchir
25	applaudir	30	réussir	36	choisir

* *Mettez ces verbes au passé composé.*

b *Choisissez 5 verbes de la liste et écrivez des phrases dans votre cahier.*

11 **Une histoire pour rire** (G 33) → *nach SB Ü4, S. 74*

a *Quel symbole pour quelle lettre? Trouvez les formes du verbe* rire. *Les pronoms (je, tu, il, …) vont dans les cases jaunes.*

Lettres	Symboles
A	☆
E	👁
I	☼
J	☽
L	☀
N	🚲
O	🪐
R	🚶
S	✈
T	✉
U	💘
V	🚗
Z	⚡

b *Complétez le texte par la bonne forme du verbe* rire.

Le professeur: «Valentin, montre-moi ton cahier. Pourquoi est-ce que tu _ris_ ?»

Valentin: «Je _ris_ parce que Fabien a raconté une blague.»

Le professeur: «Et vous, Estelle et Léa, vous _riez_ pourquoi?»

Estelle et Léa: «Nous _rions_ parce que Valentin et Fabien _rient_ aussi.»

Le professeur: «Arrêtez tout de suite de _rire_ . Léa, montre-moi ton cahier.»

Maintenant, Léa ne _rit_ plus. Elle a oublié son devoir.

12 **La journée de Sophie** (G 34) → *nach SB Ü7, S. 75*

Travaillez à deux. Tu donnes une heure à ta voisine/ton voisin et tu lui poses trois questions.
Ta voisine/Ton voisin répond. Puis, vous changez de rôle (ihr tauscht die Rollen).

Exemple:

Elève 1: – <u>C'est 18h30.</u> – <u>Qu'est-ce qu'elle **est en train de faire?**</u>

– <u>Qu'est-ce que Sophie **vient de faire?**</u> – <u>Qu'est-ce qu'elle **va faire** après?</u>

Elève 2: <u>A 18h30, Sophie **est en train de jouer** du piano. Elle **vient de faire** ses devoirs.</u>

<u>Après, elle **va regarder** la télé.</u>

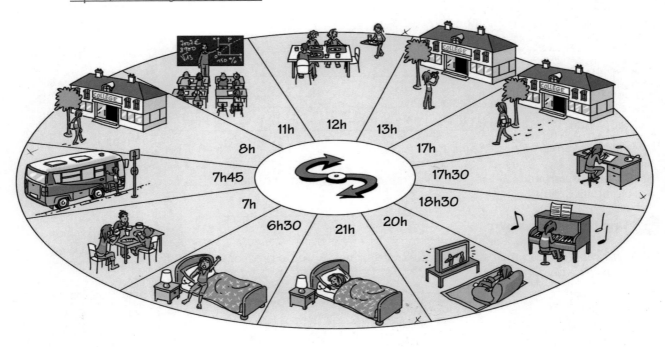

13 **Un fan de la vidéo** → *an beliebiger Stelle*

Mettez les mots dans le bon ordre. Ajoutez (Fügt hinzu) à ou de/d' si nécessaire (wenn nötig)
ou ne mettez rien. Ecrivez les phrases correctes dans votre cahier et soulignez les prépositions.

1. | en a marre | Marco | aller au collège | d' |

2. | faire des films | adore | Il | ⊠ |

3. | réalisateur | être | Il | un jour | rêve | d' |

4. | chercher | Marco | n'arrête pas | pour un nouveau film | des idées | de |

5. | sur un vieux quartier de Toulouse | une vidéo | vient | tourner | Il | de |

6. | faire de la publicité | l'ont aidé | pour son film | Tous ses copains | à |

7. | sa famille | a invité | Marco | regarder la vidéo | à |

8. | n'aiment pas | Mais, | les films de Marco | ils | voir | ⊠ |

9. | lui dire | Ils | qu'il doit | n'arrêtent pas | travailler pour l'école | de |

14 **En français** → *an beliebiger Stelle*

Amadou, un élève du collège Léopold Sédar Senghor, est en visite au collège Guillaumet à Toulouse.
Il habite dans la famille d'Olivier. Peter, le cousin allemand d'Olivier, veut savoir beaucoup de choses
sur le Sénégal, mais il ne parle pas français. Alors, Olivier fait l'interprète.

Peter	Olivier	Amadou
Frag ihn, ob im Senegal alle Kinder zur Schule gehen.	1. Est-ce que tous les enfants vont à l'école au Sénégal?	
	2. Nein, viele Kinder, die auf dem Land leben, gehen nicht zur Schule.	Non, beaucoup d'enfants qui habitent à la campagne, ne vont pas à l'école.
Gibt es in Dakar mehr Schulen als auf dem Land?	3. Est-ce qu'il y a plus d'écoles à Dakar qu'à la campagne?	
	4. In Dakar ist es anders. Dort gibt es 30 Gymnasien und 163 Collèges.	Oui, à Dakar c'est différent. Il y a 30 lycées et 163 collèges.
Habt ihr morgens und nachmittags Schule?	5. Est-ce que vous avez cours le matin et l'après-midi?	
	6. Nicht immer. Sie haben nicht genügend Klassenräume. Daher haben sie oft morgens oder nachmittags Unterricht.	Pas toujours. Nous n'avons pas assez de salles de classe. Alors, souvent nous avons cours le matin ou l'après-midi.
Welche Sprache spricht man im Senegal?	7. Quelle langue est-ce qu'on parle au Sénégal?	
	8. Man spricht Französisch, aber zu Hause sprechen sie oft wolof.	On parle français, mais à la maison, nous parlons souvent wolof[1].
Treibt ihr viel Sport?	9. Est-ce que vous faites beaucoup de sport?	
	10. Ja. Im Senegal lieben sie z. B. den Fußball.	Oui, au Sénégal, nous adorons le foot, par exemple.
Das finde ich toll.	11. Il trouve ça super.	Moi, aussi.

15 **Ecrire: Une journée au collège** → *an beliebiger Stelle*

Ecris un e-mail à ton/ta correspondant(e) français(e) et raconte-lui une journée à l'école.
Parle des cours, des profs, des copains et aussi des problèmes que tu as. Ecris au passé composé.

16 **Tu peux m'aider?** → *an beliebiger Stelle*

Vous trouvez cet exercice à la page 90.

——
1 le wolof *langue africaine qu'on parle aussi au Sénégal*

17 **Le métro de Toulouse** → *nach SB Ü11, S. 76*

*Regardez la stratégie à la page 76 de votre livre et présentez le texte suivant
(den folgenden Text) à votre classe.*

La nouvelle ligne du métro

Depuis le mois de mars, on est en train de faire la nouvelle ligne B du métro
de Toulouse.

Lundi dernier, des ouvriers[1] ont trouvé des os[2] d'animaux préhistoriques. Ils ont
tout de suite téléphoné au directeur du Musée d'histoire naturelle de Toulouse.
Ils lui ont expliqué la situation et le directeur leur a demandé de l'attendre là-bas
et de ne pas continuer à travailler. Puis, ils ont cherché ensemble toute la journée
et en ont trouvé d'autres.

Mardi, à midi, le directeur du musée a donné une interview aux élèves devant
notre collège. Il leur a expliqué: «Nous sommes très contents et nous applaudissons
tous les ouvriers qui ont trouvé les os. Avec la découverte que nous venons de faire, nous avons eu beaucoup de
chance. Mais c'est un travail difficile et nous ne l'avons pas encore fini! Nous ne réussissons toujours pas à sortir
tous les os de la terre. Nous venons de porter au musée les os que nous avons déjà trouvés et nous voulons bientôt
les montrer au public. Nous faisons chaque jour une nouvelle découverte. C'est bien pour Toulouse.»

Après, tout le monde applaudit et des élèves lui ont dit: «Génial, monsieur, on adore aller au musée pour voir
les os! Nous allons vous aider!» Le directeur leur a répondu: «Merci, peut-être une autre fois. D'abord,
nous voulons finir notre travail.»

1 un ouvrier [ɛ̃nuvrije] ein Arbeiter – **2 un os/des os** [ɛ̃nɔs/dezo] ein Knochen/Knochen

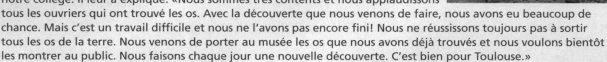

---

a *Notiert die wichtigsten Informationen in der Tabelle.
(Notez les informations les plus importantes dans le tableau).
Lisez l'article et cochez la ou les bonne(s) réponse(s).*

Textsorte	☐ un roman ☐ une lettre ☐ une BD ☐ un poème ☐ une chanson ☒ un article		
Thema	☐ des élèves visitent un musée ☐ des touristes à Toulouse ☐ un accident de métro ☒ découverte d'os préhistoriques ☐ découverte d'animaux		
Gliederung	☐ trois parties ☒ quatre parties ☐ cinq parties ☐ deux parties		
Zeit	☒ mardi à midi ☐ en février ☒ lundi dernier ☐ lundi prochain		
Ort	☒ devant le collège ☐ dans la station de métro ☒ à Toulouse ☐ au musée		
Personen	☐ le directeur du collège ☒ le directeur du musée ☒ les élèves du collège ☐ les professeurs du collège ☒ les ouvriers		

b *Notiert die Schlüsselwörter zum Inhalt. (Notez les mots-clés du texte).
Lisez l'article encore une fois. Trouvez le bon ordre des parties du texte. Numérotez cette partie et
cochez les bonnes phrases-clés.*

partie _3_	☒ le directeur du musée a donné une interview aux élèves ☐ le musée ne va pas montrer les os au public ☐ c'est un travail facile	☒ mardi ☒ c'est bien pour Toulouse ☒ devant le collège
partie _1_	☒ la nouvelle ligne du métro ☐ pour le journal du collège ☒ la construction[1] du métro ☒ la ligne B de Toulouse	☒ depuis mars
partie _4_	☒ tout le monde a applaudi ☐ les élèves n'aiment pas aller au musée ☒ les élèves veulent aider ☐ le directeur leur a dit de les aider	
partie _2_	☒ des ouvriers ont trouvé des os ☒ des os d'animaux préhistoriques ☒ lundi dernier ☒ les ouvriers ont téléphoné au directeur du musée ☐ ils ont aussi trouvé des oiseaux	

c *Donnez à chaque partie du texte un titre et résumez cette partie en une ou deux phrases
pour préparer votre présentation.*

---

1 la construction der Bau

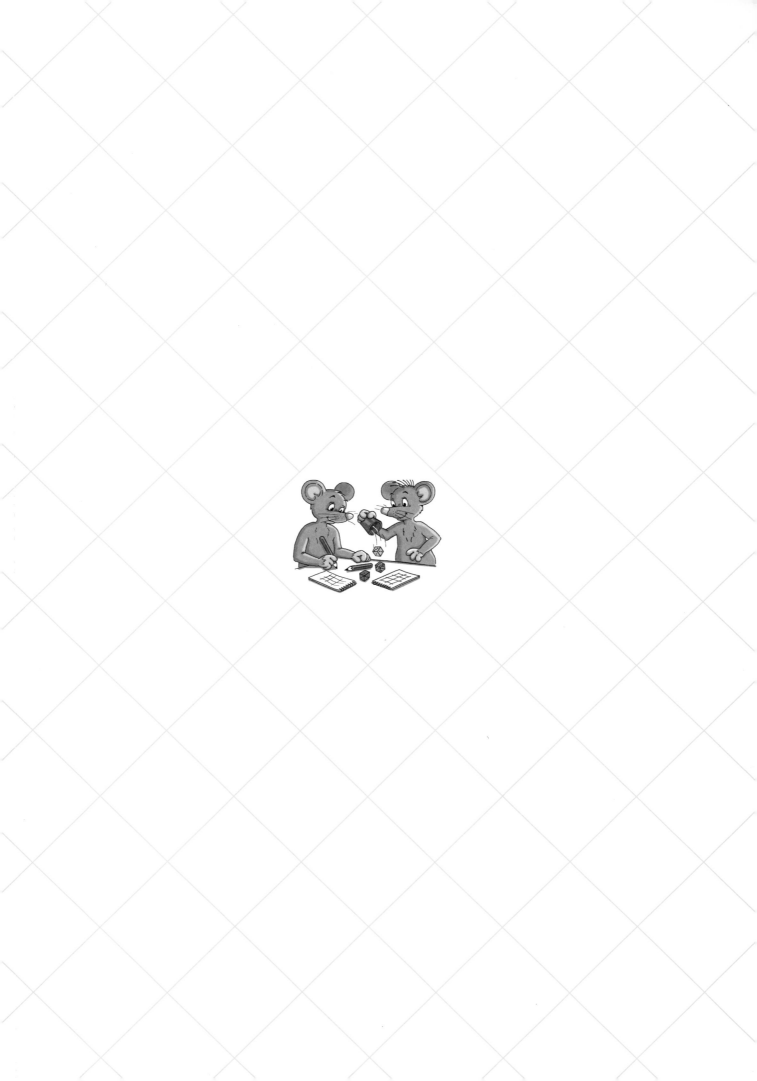

Bastelbogen I

Leçon 1: **8** On joue au loto.

soixante-neuf	quatre-vingt-cinq	soixante-dix-sept	quatre-vingt-treize
soixante-dix	quatre-vingt-six	soixante-dix-huit	quatre-vingt-quatorze
soixante et onze	quatre-vingt-sept	soixante-dix-neuf	quatre-vingt-quinze
soixante-douze	quatre-vingt-huit	quatre-vingts	quatre-vingt-seize
soixante-treize	quatre-vingt-neuf	quatre-vingt-un	quatre-vingt-dix-sept
soixante-quatorze	quatre-vingt-dix	quatre-vingt-deux	quatre-vingt-dix-huit
soixante-quinze	quatre-vingt-onze	quatre-vingt-trois	quatre-vingt-dix-neuf
soixante-seize	quatre-vingt-douze	quatre-vingt-quatre	cent

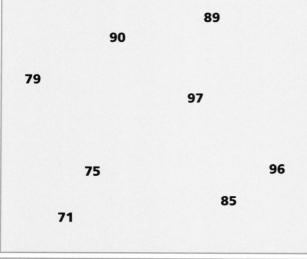

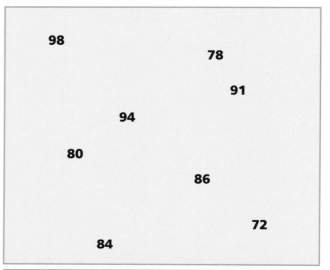

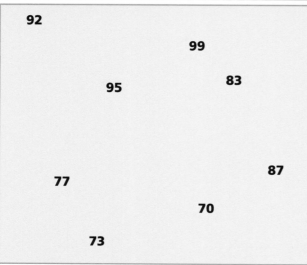

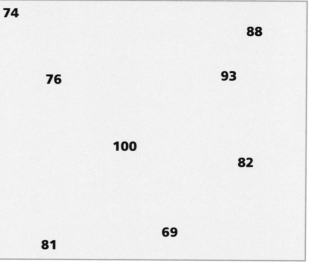

Leçon 1: **12** **Ecrire: Une carte postale**

Leçon 4: **3** **Jeu de questions**

Travaillez à deux. Décidez (Entscheidet) qui prend le tableau A et qui prend le tableau B.
Elève A commence et dit le numéro et la lettre d'une case (Feld) rose. Elève B pose
la question qu'il trouve dans cette case, et élève A donne la réponse. Puis élève B continue.
N'oubliez pas d'utiliser les pronoms objets direct.

A				
	1	2	3	4
A	Valentin, tu fais tes devoirs? [Non, je ne les fais pas.]	Oui, …	Non, …	Tu vas voir ton copain demain? [Oui, je vais le voir.]
B	Vous allez chercher Amandine? [Oui, nous allons la chercher.]	Non, …	Manon, tu vas rencontrer Samira cet après-midi? [Oui, je vais la rencontrer.]	Oui, …
C	Oui, …	Vous connaissez nos nouveaux voisins? [Oui, nous les connaissons.]	Oui, …	Tu aides papa dans le jardin? [Oui, je l'aide.]
D	Tu as vu mon CD? [Non, je ne l'ai pas vu.]	Oui, …	Emma, tu as rencontré Fabien au collège? [Non, je ne l'ai pas rencontré.]	Non, …

B				
	1	2	3	4
A	Non, …	Tu connais les parents de Fabien? [Oui, je les connais.]	Emma, tu as retrouvé le plan de Toulouse? [Non, je ne l'ai pas retrouvé.]	Oui, …
B	Oui, …	Vous avez écouté le CD de Zebda? [Non, nous ne l'avons pas écouté.]	Oui, …	Vous avez trouvé les casques dans le garage? [Oui, nous les avons trouvés dans le garage.]
C	Vous voulez visiter la ville de Toulouse? [Oui, nous voulons la visiter.]	Oui, …	On va appeler mamie? [Oui, on va l'appeler.]	Oui, …
D	Non, …	Vous allez prendre les vélos? [Oui, nous allons les prendre.]	Non, …	Valentin, tu énerves les filles? [Non, je ne les énerve pas.]

DÉPART

1 Lis et complète.

Tu veux écrire des cartes postales à tes amis Annie et Maxime.

Tu écris:
- Mon ? ?,
- Ma ? ?,

2 Conjugue ces verbes au présent.

- [diʀ]
- [kɔ̃pʀɑ̃dʀ]

3 Quel temps est-ce qu'il fait?

Spielanleitung
- Spielt in Gruppen von 2 bis 4 Spielern mit Spielsteinen und einem Würfel.
- Das Feld, auf dem er ankommt, gibt die Aufgabe vor, die er lösen muss.
- Für richtige Lösungen gibt es folgende Punktzahlen: grünes Feld: **1** Punkt – rotes Feld: **2** Punkte – orangefarbenes Feld: 3 Punkte
- Wenn ihr euch nicht sicher seid, ob die Antwort richtig ist, dann darf ein Spieler auf der Rückseite nachschlagen.
- Der erste Spieler, der das Feld *Arrivée* erreicht hat, erhält zusätzlich 3 Punkte und das Spiel ist beendet. Sieger ist aber der Spieler mit der höchsten Punktzahl.

4 Mets les phrases au passé composé.

- Je regarde la télé.
- Ils écrivent des lettres.

7 Complète avec beau, vieux, nouveau.

M. Carbonne dit: Voici notre ? maison, avec un ? jardin et un ? arbre.

6 Complète avec qui ou que:

- Emma est une fille ? est très jolie et ? je trouve cool.

5 Lis et corrige.

- Les filles ont revenues de Paris.
- Ma mère est déjà parti.

8 Qu'est-ce que c'est?

Le repas qu'on prend le matin avant d'aller à l'école.

9 Qu'est-ce qu'il mange?

10 Qu'est-ce que tu dis?

Bei einer Familienfeier wird angestoßen.

11 Qu'est-ce que tu as acheté?

12 Raconte à ton ami(e) au discours indirect.

- J'ai peur.
- Tu penses que je vais gagner?

ARRIVÉE

14 Répète.

Quelle horreur!

Retourne à la case 3.

13 Lis et complète. Qui/Qu' est-ce qui/que?

Emma: ? est-ce ? tu cherches, maman?
Mme Carbonne: ? est-ce ? a vu mon portable?

Bastelbogen IV

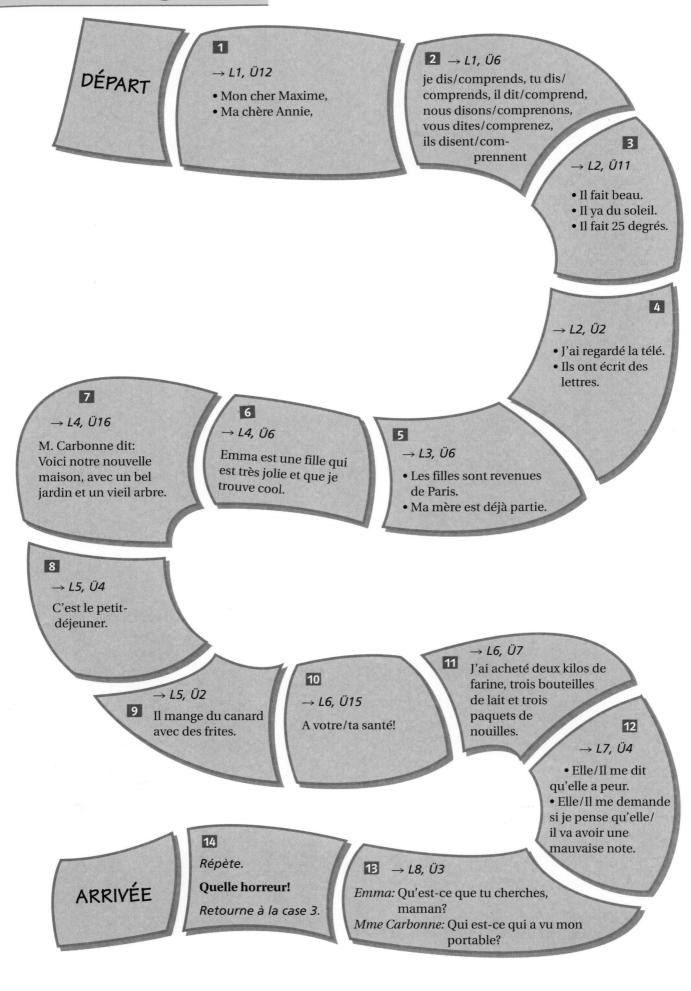

DÉPART

1
→ L1, Ü12
- Mon cher Maxime,
- Ma chère Annie,

2 → L1, Ü6
je dis/comprends, tu dis/
comprends, il dit/comprend,
nous disons/comprenons,
vous dites/comprenez,
ils disent/com-
prennent

3
→ L2, Ü11
- Il fait beau.
- Il y a du soleil.
- Il fait 25 degrés.

4
→ L2, Ü2
- J'ai regardé la télé.
- Ils ont écrit des lettres.

5
→ L3, Ü6
- Les filles sont revenues de Paris.
- Ma mère est déjà partie.

6
→ L4, Ü6
Emma est une fille qui est très jolie et que je trouve cool.

7
→ L4, Ü16
M. Carbonne dit:
Voici notre nouvelle maison, avec un bel jardin et un vieil arbre.

8
→ L5, Ü4
C'est le petit-déjeuner.

9
→ L5, Ü2
Il mange du canard avec des frites.

10
→ L6, Ü15
A votre/ta santé!

11
→ L6, Ü7
J'ai acheté deux kilos de farine, trois bouteilles de lait et trois paquets de nouilles.

12
→ L7, Ü4
- Elle/Il me dit qu'elle a peur.
- Elle/Il me demande si je pense qu'elle/il va avoir une mauvaise note.

13 → L8, Ü3
Emma: Qu'est-ce que tu cherches, maman?
Mme Carbonne: Qui est-ce qui a vu mon portable?

14
Répète.
Quelle horreur!
Retourne à la case 3.

ARRIVÉE

⟨Auto-contrôle⟩ *(Vous trouvez les solutions à la page 96.)*

1 **Qu'est-ce que tu fais?** (G 30) – *Complétez par* lui *ou* leur.

Exemple: Quand ma correspondante vient à Toulouse, <u>je lui montre la ville</u> (montrer la ville).

1. Quand je veux parler à mes copains, <u>je leur téléphone</u> (téléphoner).

2. Quand mon petit frère ne comprend pas son devoir, <u>je lui explique l'exercice</u> (expliquer l'exercice).

3. Quand j'ai acheté un cadeau pour mon copain, <u>je ne lui dis rien</u> (ne rien dire).

4. Quand mes copines me racontent des bêtises, <u>je ne leur réponds pas</u> (ne pas répondre).

2 **Que fait Céline?** (G 30) – *Ajoutez le pronom objet (le, l', la, les, lui, leur).*

1. Céline a acheté un CD et <u>le</u> montre à Marc. 2. Ils <u>l'</u> écoutent, mais Marc ne <u>l'</u> aime pas. 3. Après, Céline <u>lui</u> montre des photos de Dakar. 4. Les autres copains veulent aussi voir les photos. Alors, elle <u>leur</u> téléphone et <u>les</u> invite à venir à la maison. 5. Sa correspondante allemande est aussi là. Les copains <u>la</u> connaissent déjà, alors elle ne <u>la</u> présente pas aux copains.

3 **Pauvre Patrick!** (G 31) – *Complétez le texte par* tout, toute, tous, toutes.

Patrick est triste. Il a eu une mauvaise note en allemand. Pourquoi? Il ne comprend pas! Il a regardé <u>tout</u> le livre. Il a travaillé <u>toute</u> la semaine, il a fait <u>tous</u> les exercices et <u>tous</u> les devoirs, il a appris <u>toutes</u> les leçons et compris <u>tous</u> les mots. Il n'a plus envie de faire de l'allemand. Mais sa mère lui dit: «Ce n'est pas grave. Ça arrive. La prochaine fois, tu vas avoir plus de chance.»

4 **On a perdu les voyelles.**[1] (G 32) – *Trouvez les verbes et ajoutez les pronoms.*

Exemple: chss – <u>je/tu choisis</u>

1. fnssns – <u>nous finissons</u>   4. chsssz – <u>vous choisissez</u>

2. rflchs – <u>je / tu réfléchis</u>   5. rsss – <u>je / tu réussis</u>

3. ppldt – <u>il / elle applaudit</u>   6. ppldssns – <u>nous applaudissons</u>

5 **Des activités** (G 34) – *Faites des phrases. Faites attention aux symboles*
↙venir de faire qc, ⇔être en train de faire qc et ↗aller faire qc.

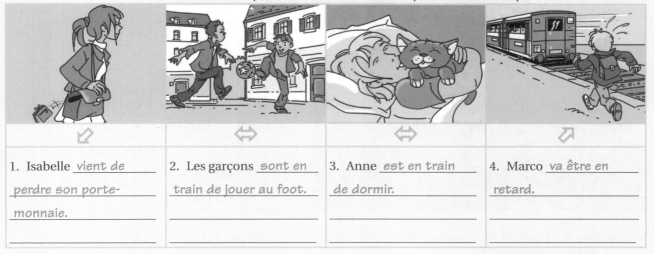

↙	⇔	⇔	↗
1. Isabelle <u>vient de perdre son porte-monnaie.</u>	2. Les garçons <u>sont en train de jouer au foot.</u>	3. Anne <u>est en train de dormir.</u>	4. Marco <u>va être en retard.</u>

---

1 une voyelle ein Vokal

LEÇON 6

A table!

1 Le régime¹ de Mme Bourlé (G 35)   → *nach SB, S. 81*

Regardez les images et cochez les bonnes phrases.

1.

	a) Mme Bourlé mange de la tomate.	
	b) Mme Bourlé mange une tomate.	×
	c) Mme Bourlé mange des tomates.	

2.

	a) Elle prend aussi une salade et du pain.	
	b) Elle prend aussi de la salade et un pain.	
	c) Elle prend aussi de la salade et du pain.	×

3.

	a) Après, il y a de l'eau et une orange.	×
	b) Après, il y a une eau et de l'orange.	
	c) Après, il y a des oranges et de l'eau.	

4.

	a) Comme dessert, il y a un gâteau avec du chocolat!	×
	b) Comme dessert, il y a un gâteau avec un chocolat.	
	c) Comme dessert, il y a des gâteaux avec du chocolat.	

A Un menu de fête

2 Qu'est-ce qu'on mange?   → *nach SB S. 82, Abschn. 2*

a *Regardez les deux scènes et entourez les 10 mots cachés dans la grille.*

K	E	B	F	K	F	N	C	O	P
L	I	P	E	R	R	L	M	U	O
Q	M	L	U	I	I	P	A	H	M
V	H	I	O	V	T	A	R	W	M
D	T	B	C	J	E	U	C	S	E
S	D	I	Y	A	S	E	H	M	D
G	W	K	F	R	O	M	A	G	E
W	C	J	L	G	H	G	N	O	T
E	A	X	C	E	T	P	D	T	E
M	N	S	T	S	G	R	E	X	R
P	A	N	M	E	N	U	G	Q	R
O	R	I	Q	F	U	D	M	O	E
H	D	J	E	N	T	R	E	E	W
E	R	K	K	E	W	N	E	R	S

b *Regardez les scènes et écrivez dans votre cahier un petit dialogue pour chaque scène. Utilisez les mots de la partie a.*

---

1 un régime eine Diät

3 **On range.** → *nach SB Ü5, S. 84*

Trouvez la bonne réponse.

1.	Tu aimes le lait?	→	←	C'est au monsieur, là!	A
2.	Qu'est-ce que vous prenez comme dessert?	→	←	Je prends deux kilos de tomates.	B
3.	C'est à qui?	→	←	J'en prends 300 grammes.	C
4.	Vous désirez?	→	←	Oui, j'en bois une bouteille par jour.	D
5.	Et avec ça?	→	←	Nous prenons du gâteau au chocolat.	E
6.	Ça fait combien?	→	←	Oui, mais je préfère le gouda[1]!	F
7.	Du sucre! Vous en voulez combien?	→	←	C'est tout.	G
8.	Vous avez déjà mangé du fromage des Pyrénées?	→	←	15 euros et dix centimes.	H

4 **M. Miro fait les courses.** (G 35) → *nach SB Ü2, S. 83*

a *Complétez le texte avec le bon article.*
Utilisez le, une *ou* du/de/de l'/de la/des.

Le marchand: Bonjour, monsieur. Vous désirez?

M. Miro: Je voudrais __du__ fromage, s'il vous plaît.

Je prends trois kilos __de__ fromage.

Le marchand: 3 kilos! Vous avez une grande famille, alors!

Bon, et avec ça? Prenez __une__ bouteille __de__ vin!

M. Miro: Non, merci, je préfère prendre __de l'__ eau. Je n'aime pas __le__ vin. Mais vous avez aussi

__des__ légumes. Je voudrais __une__ tomate et __de la__ salade verte pour __l'__ entrée.

Le marchand: Euh…, vous allez avoir faim après!

M. Miro: Mais après, nous allons manger __du__ gratin avec __des__ pommes de terre.

Je prends six kilos __de__ pommes de terre. Ma copine adore le gratin!

Le marchand: J'espère! Bon, et comme dessert,

qu'est-ce vous allez préparer?

M. Miro: Ah oui, pour __le__ dessert,

je prends __des__ bananes.

Le marchand: Combien __de__ kilos?

M. Miro: Je prends six bananes. C'est tout.

Menu

Entrée
Duo de légumes: tomates et
salade du jardin

Plat principal
Gratin de pommes de terre au fromage

Dessert
Bananes au chocolat chaud

tomates: 500 grammes (petites et rouges)
salade: 1 salade verte
pommes de terre: 2 kilos
fromage: 2 petits camemberts
bananes: 3
chocolat: 300 grammes

b *Regardez le menu et lisez le texte complété (vervollständigt). Décrivez les erreurs de M. Miro.*
(Beschreibt, was M. Miro falsch gemacht hat). Utilisez pas de, trop de, (pas) assez de *etc.*

Exemple: __M. Miro a acheté trop de bananes.__

──────

1 le gouda der Gouda

5 **Un repas de fête** (G 36)   → *vor SB Ü3, S. 83*

Emma et Manon veulent préparer un repas pour l'anniversaire de leur père.
Répondez aux questions et trouvez le bon ordre. Ecrivez les phrases correctes dans votre cahier.

Manon	Emma					
1. Est-ce qu'on met de la musique?	³ en	¹ Oui,	⁴ met.	² on		
2. On fait de la salade de tomates?	⁴ fait.	³ en	² on	¹ Oui,		
3. On donne du pain avec la salade?	² on	⁴ donne.	¹ Oui,	³ en		
4. Tu mets des œufs dans la salade?	² je	¹ Non,	⁵ mets	³ n'	⁶ pas.	⁴ en
5. Tu as acheté des oranges pour le plat?	³ en	⁵ acheté.	¹ Oui,	² j'	⁴ ai	
6. On mange des frites avec le canard?	¹ Non,	⁴ en	⁶ pas.	⁵ mange	³ n'	² on
7. On met du vin rouge pour les grands?	³ en	⁴ met.	¹ Oui,	² on		
8. Valentin mange de la salade de fruits?	⁵ mange	² il	⁴ en	³ n'	¹ Non,	⁶ pas.
9. On va aussi faire un gâteau?	⁵ fait	³ n'	² on	⁶ pas.	¹ Non,	⁴ en

6 **Les frigos¹** (G 36)   → *nach SB Ü4, S. 84*

Regardez les deux frigos et imaginez un dialogue. Posez des questions et répondez.
Utilisez en et ne … pas de, ne … plus de, ne… pas non plus de, ne … que.

Exemple:

Frigo 1: Moi, je n'ai plus de fromage. Et toi, tu en as?
Frigo 2: Bien sûr, j'en ai beaucoup! Et j'ai aussi …

---

1 un frigo (ugs. Abkürzung von *réfrigérateur*) ein Kühlschrank

7 Ecouter: Les petits-enfants arrivent. → *nach SB Ü5, S. 84*

a *Ecoutez les scènes et entourez l'image (kreist das Bild ein) qui montre les courses (Einkäufe) de M. Pépin.*

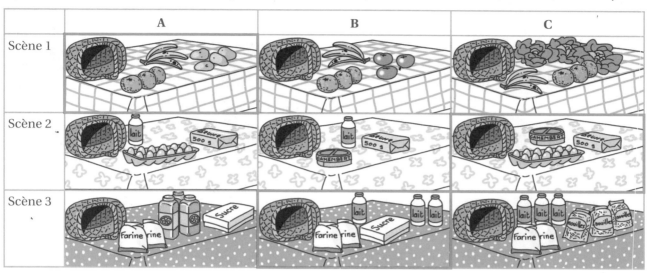

	A	B	C
Scène 1			
Scène 2			
Scène 3			

b *Ecoutez les trois scènes encore une fois et dites si les phrases suivantes sont vraies ou fausses. Si c'est faux, donnez les bonnes réponses dans votre cahier.*

	Vrai	Faux
1. On est au printemps.		✗
2. La femme de M. Pépin n'aime pas les oranges.	✗	
3. Avec les pommes de terre, M. Pépin va faire un gratin.		✗
4. Les petits-enfants arrivent demain.	✗	
5. Ils restent une semaine.		✗
6. Les petits-enfants n'habitent pas à la campagne.	✗	
7. M. Pépin a sept petits-enfants.		✗
8. La femme de M. Pépin est dans un autre magasin.		✗
9. M. Pépin ne rencontre pas souvent son copain Albert.		✗

8 Les verbes (G 37) → *vor SB Ü6, S. 84*

Travaillez à deux. L'élève A prend la ligne bleue et l'élève B la ligne verte. Les couleurs et les symboles vous disent les formes que vous devez écrire dans votre cahier.

Exemple: premier verbe élève A: <u>j'appelle</u> / premier verbe élève B: <u>nous répétons</u>

je	tu	il	nous	vous	elles
appeler	envoyer	préférer	payer	répéter	acheter

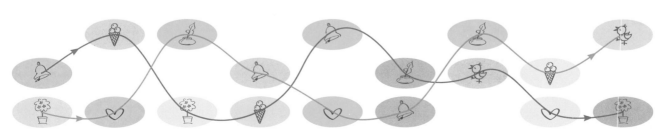

B Un gâteau délicieux

9 **«Au canard boiteux[1]»** (G 38) → *nach SB Ü2, S. 86*

Complétez les phrases. Utilisez ne … pas/ne … plus/
ne … jamais/ne … rien/ne … personne.

1. «Chez Anatole», on mange bien. «Au canard boiteux»,

   on _ne mange pas_ _____ bien.

2. «Chez Anatole» , il y a beaucoup de monde. «Au canard boiteux»,

   il _n'y a personne_ _____ .

3. «Chez Anatole» , les plats sont toujours délicieux.

   «Au canard boiteux», les plats _ne sont jamais_ _____ délicieux.

4. Dans sa cuisine, Anatole range tout. Dans la cuisine du «Canard boiteux»,

   le cuisinier _ne range rien_ _____ .

5. On a déjà parlé du restaurant d'Anatole dans le journal.

   – Quelqu'un a déjà parlé du «Canard boiteux»? – Non. _Personne._ _____

6. Avant, les deux cuisiniers ont souvent rigolé ensemble. Maintenant, ils _ne rigolent plus_ _____

   _____ ensemble.

7. Leurs enfants ont aussi joué ensemble. Maintenant, ils _ne jouent plus_ _____ ensemble.

10 **A ta santé!** (G 39) → *vor SB Ü4, S. 86*

a *Entourez les formes du verbe* boire. *Attention, les lettres sont écrites en miroir (Spiegelschrift)!*

doidisᴉɿobossiᴐoivɘnɟdobottɹoidujvonssɐvobuvɘzᴚddus

b *Complétez les rimes (Reime).*

1. Qu'est-ce que tu _bois_ ?
   Du chocolat!

2. On a acheté des boissons,
   maintenant, nous les
   buvons _____ .

3. C'est l'heure du café[2]!
   Vous en _buvez_ _____ ?

4. Il n'y a plus de jus! Ah oui,
   j'ai tout _bu_ _____ !

5. Le matin, il _boit_ _____
   un verre de lait froid.

6. Ils doivent faire attention quand
   ils _boivent_ _____ du vin!

11 **Dans un magasin** → *an beliebiger Stelle*

Vous trouvez cet exercice
à la page 91.

_____
1 «Au canard boiteux» „Zur hinkenden Ente" – **2 le café** der Kaffee

12 **Une recette pour la fête** → *nach SB Ü9, S. 88*

Pour 6 personnes 15 minutes (préparation) 20 minutes (cuisson) **Ingrédients** • 4 œufs • 120 g de sucre en poudre • 120 g de farine **Préparation** • Préchauffer le four à 190 °C (thermostat 5–6) • Beurrer et fariner le moule	• Battre les œufs et le sucre dans un grand saladier (la pâte doit être blanche et crémeuse). • Incorporer doucement la farine avec une grosse cuillère et ajouter un peu de sel. • Verser le mélange dans un moule. • Mettre le moule au four pendant 20 minutes. • Démouler le gâteau et le laisser refroidir. • Vous pouvez fourrer ce gâteau avec de la confiture ou du chocolat.

a *Lisez la recette. Trouvez à quelle photo elle correspond. Cochez la bonne réponse.*

☐ la tarte aux fraises   ☐ le gâteau au chocolat   ☒ la génoise   ☐ les crêpes

b *Reliez les mots français avec leurs équivalents en allemand. Indiquez le mot qui vous aide dans la dernière colonne. (Verbindet die französichen Wörter mit ihren deutschen Übersetzungen. Gebt in der letzten Spalte an, welches Wort in welcher Sprache euch hilft).*

préchauffer		abkühlen	FR froid
crémeux		ein Salatschüssel	FR salade
une préparation		vorheizen	FR chaud
refroidir		eine Vorbereitung	FR préparer
un saladier		cremig	DE Creme

c *Cherchez dans le dictionnaire les mots* le four, le/la moule *et* la pâte. *Est-ce que vous trouvez deux sens pour ces mots? Notez-les.*

le four	**1) le moule / 2) la moule**	**la pâte**
1) der (Back)ofen	1) die Form	1) der Teig
2) der Flop	2) die Miesmuschel	2) die Paste

d *Répondez aux questions dans votre cahier.*

1. Il faut combien de temps pour faire ce gâteau?   Il faut 35 minutes.
2. Est-ce qu'il faut du sel pour cette recette?   Oui, il faut un peu de sel.
3. Qu'est-ce qu'il faut mettre d'abord dans le moule?   Il faut d'abord mettre du beurre et de la farine.
4. Quelle couleur doit avoir la pâte?   La pâte doit être blanche.
5. Est-ce qu'il faut manger ce dessert chaud?   Non, il faut le manger froid.

13 **Qu'est-ce qu'il faut faire?** (G 40)   → *an beliebiger Stelle*

Donnez une réponse. Utilisez les mots dans les containers jaunes.

Exemple: J'ai soif! Il faut boire.

C'est bientôt l'anniversaire de Paul.

1. J'ai soif!		boire.
2. Je n'ai plus faim!		manger.
3. Papa veut faire un gâteau.		une recette.
4. Il n'y a plus rien dans le frigo[1].	Il faut	faire les courses.
5. Le gâteau de mamie est bon.	Il ne faut pas	goûter tous les gâteaux.
6. On a assez de bougies.	Il ne faut plus	acheter de bougies.
7. C'est son anniversaire.		oublier d'acheter un cadeau!
8. J'ai reçu une lettre!		écrire une réponse.
9. Les voisins nous ont invités.		penser au cadeau.

Il faut **trouver** un beau restaurant.
(→ *il faut + Infinitiv*)

Il faut **un cadeau**.
(→ *il faut + Nomen*)

14 **Qu'est-ce que c'est?** → *an beliebiger Stelle*

Lisez les phrases et complétez la grille. Trouvez le mot recherché.

1. C'est du pain et les Français l'adorent.
2. Quand elles manquent sur le gâteau, ce n'est pas un anniversaire.
3. Une boisson avec des fruits pour les enfants.
4. Mille grammes.
5. On le dit quand on boit.
6. Une boisson pour les grands.
7. Ce n'est pas une boisson pour les enfants.
8. Pour boire, il en faut un.
9. Quand je perds mon portable, c'est une …!
10. Il en faut cent pour avoir un euro.
11. Le jour après aujourd'hui. C'est le …

Mot recherché: On peut acheter des croissants dans une **?**

	1	B	A	G	U	E	T	T	E	
	2	B	O	U	G	I	E	S		
	3	J	U	S						
	4	K	I	L	O					
	5	S	A	N	T	E				
	6	V	I	N						
7	C	H	A	M	P	A	G	N	E	
	8	V	E	R	R	E				
9	C	A	T	A	S	T	R	O	P	H	E
	10	C	E	N	T	I	M	E	S	
	11	L	E	N	D	E	M	A	I	N

---

1 un frigo (ugs. Abkürzung von *réfrigérateur*) ein Kühlschrank

15 **Qu'est-ce qu'ils disent?** → *an beliebiger Stelle*

Qu'est-ce qu'on dit en France dans les situations suivantes?

1. Die Verkäuferin möchte wissen, wer jetzt dran ist. Du bist an der Reihe! — *C'est à moi!*

2. Du hast dein Handy in der Metro liegen lassen! — *Quelle catastrophe!*

3. Nach einem Ausflug möchtest du nur noch eins: essen und trinken! — *J'ai faim et soif!*

4. Bei einer Familienfeier wird immer angestoßen. Was sagt man? — *A ta/votre santé!*

5. Du kannst zwischen Pommes und Kartoffelgratin wählen. Was möchtest du lieber? — *Je préfère le gratin de pommes de terre/les frites!*

6. Auf dem Markt zählst du dein Geld. Peinlich, es fehlen dir 10 Cent! — *Désolé(e), il me manque 10 centimes!*

7. Im Restaurant möchtest du wissen, was es für Vorspeisen gibt. — *Qu'est-ce qu'il y a comme entrées?*

16 **Ecouter: Bon appétit!** → *an beliebiger Stelle*

09

a *Ecoutez les dialogues. Quel dialogue est-ce que vous entendez à quelle table? Ecrivez le numéro du dialogue sur la table qui correspond.*

b *Ecoutez encore une fois les scènes et répondez aux questions.*

Scène 1:	Scène 2:	Scène 3:
1. Qu'est-ce qu'ils ont mangé avant?	1. Quelles boissons est-ce que la famille veut boire?	1. Qu'est-ce qu'ils vont bientôt manger?
2. Quel âge a le monsieur?	2. Que veut boire la fille?	2. Quel âge a le grand-père?
3. Qu'est-ce qu'il veut faire le lendemain?	3. Pourquoi est-ce que le garçon n'est pas content?	3. Quel cadeau est-ce qu'il y a dans l'enveloppe[1]?

 c *Imaginez un dialogue pour la scène qui n'a pas de dialogue.*

1 **une enveloppe** ein Briefumschlag

⟨Auto-contrôle⟩   *(Die Lösungen findet ihr auf Seite 96.)*

1 **Les verbes** (G 37, 39) – *Vervollständigt die Tabelle.*

				passé composé
trinken	tu bois	nous buvons	ils boivent	ils ont bu
lieber tun	il préfère	nous préférons	elles préfèrent	elle a préféré
bezahlen	tu paies	vous payez	elles paient	ils ont payé
essen	elle mange	nous mangeons	ils mangent	elles ont mangé

2 **Les courses de Mme Chapuis** (G 35) – *Beschreibt die Einkäufe von Mme Chapuis in eurem Heft.*

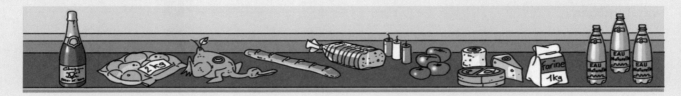

3 **Tu n'as rien oublié?** (G 36) – *Antwortet und ersetzt die unterstrichenen Wörter durch ein Pronomen.*

1. Pour faire le gâteau, tu as acheté des œufs?	**(6)**	Oui, j'en ai acheté six.
2. Tu as pris une baguette?	**(1)**	Oui, j'en ai pris une.
3. Il faut combien de tomates pour faire une pizza?	**(500 gr)**	Il en faut 500 grammes.
4. Ton frère a acheté du fromage?	**(beaucoup)**	Oui, il en a acheté beaucoup.
5. Il nous faut aussi des bananes?	**(non)**	Non, il ne nous en faut pas.

4 **Les contraires** (G 38) – *So unterschiedlich können Schwestern sein. Verneint die Sätze.*
   Benutzt ne … plus/ne … jamais/ne … que/ne … pas encore/ne … personne.

1. Paula aime tous les fruits. Julie n'aime que _____ les bananes.

2. Paula range toujours sa chambre. Julie ne range jamais _____ sa chambre.

3. Paula invite tout le monde. Julie n'invite personne _____ .

4. Paula joue encore avec son chien. Julie ne joue plus _____ avec son chien.

5. Paula a déjà un copain. Julie n'a pas encore _____ de copain.

5 **En français** – *Traduisez.*

1. Man darf nicht zuviel Wein trinken. Il ne faut pas boire trop de vin _____ .

2. Es fehlen ihm 2 Euro. Il lui manque deux euros _____ .

3. Währenddessen räumen wir auf. Pendant ce temps, nous rangeons _____ .

4. Das Leben ist schwer ohne Geld. La vie est difficile sans argent _____ .

Das kann ich schon! → nach L4–6

Du hast in den ersten Lektionen schon eine Menge gelernt. Hier kannst du feststellen, wie fit du bist. Male die Ampeln an der passenden Stelle an. Wenn du dir nicht sicher bist, dann wiederhole noch einmal die Übung in der rechten Spalte.

Die Fertigkeiten, bei denen du „Das muss ich noch üben." angekreuzt hast, solltest du dir in den nächsten Wochen noch einmal genau vornehmen.

Selbsteinschätzung vom: _____
(Trage bitte hier das Datum ein.)

Klappt super!   Ich mache noch Fehler.   Das muss ich noch üben.

	Ich kann …		Übung im …
Sich auf Französisch verständigen	… ein Rezept lesen und verstehen.		CdA L 6, S. 59/Ex.12
	… einen formellen Brief lesen und schreiben.		SB L 5B, S. 74/Ex.5 SB L 5B, S. 75/Ex.6
	… Wegbeschreibungen hören und verstehen.		CdA L 4, S. 39/Ex.14
	… Einkaufsgespräche hören und verstehen.		CdA L 6, S. 57/Ex.7
	… über meine Gefühle sprechen.		SB L 4C, S. 61/Ex.4
	… über meine Schule sprechen.		SB L 5B, S. 73/Ex.2
	… sagen, was ich gerne esse und was ich gar nicht mag.		SB L 6B, S. 87/Ex.6 SB L 6B, S. 87/Ex.7
Frankreich/ französischsprachige Länder	… einem Freund Rugby erklären.		CdA L 4, S. 38/Ex.13 SB L 5, S. 65/Album

Lern- und Arbeitstechniken (Kreuze an.) Ich habe …	häufig	manchmal	nie
… einen Text in Abschnitte aufgeteilt und zusammengefasst.			
… mit einem zweisprachigen Wörterbuch gearbeitet.			
… mit Tandembögen Dialoge gespielt.			
… Auto-contrôle-Aufgaben gelöst und die Lösungen verglichen.			
… französische Lieder gesungen und Gedichte oder Reime aufgesagt.			

Was ich für mein Sprachenlernen in nächster Zukunft häufiger tun will:

Schau dir die Liste noch einmal an: Wähle aus dem ersten Bereich die Einträge aus, die du **grün** angemalt hast. Übertrage sie in die **zweite Tabelle** am Ende des *Cahier*.

Klettbuch 522014 Découvertes Cadet 2, Cahier d'activités. © Ernst Klett Verlag GmbH, Stuttgart 2008.
Von diesen Vorlagen ist die Vervielfältigung für den eigenen Unterrichtsgebrauch gestattet. Die Kopiergebühren sind abgegolten.

La fête de la musique

1 **Une famille très musicienne¹** → *nach SB S. 94*

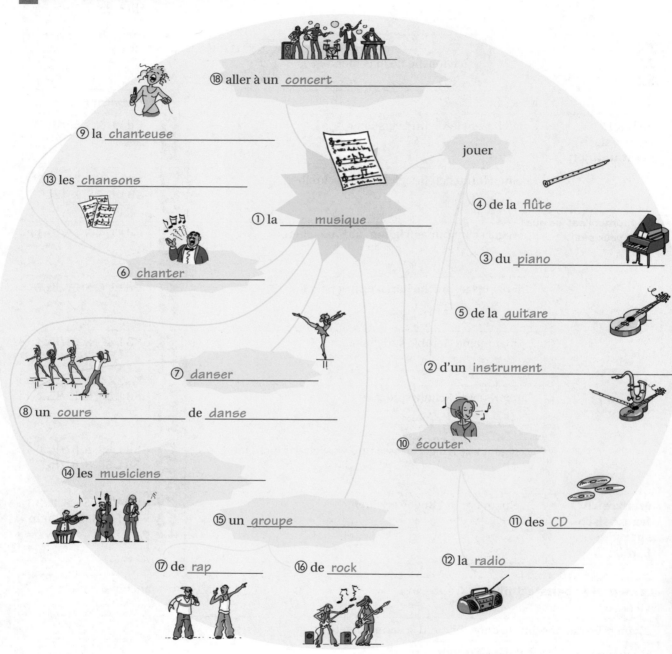

⑱ aller à un _concert_

⑨ la _chanteuse_

jouer

⑬ les _chansons_

④ de la _flûte_

① la _musique_

③ du _piano_

⑥ _chanter_

⑤ de la _guitare_

⑦ _danser_

② d'un _instrument_

⑧ un _cours_ de _danse_

⑩ _écouter_

⑭ les _musiciens_

⑮ un _groupe_

⑪ des _CD_

⑰ de _rap_   ⑯ de _rock_   ⑫ la _radio_

Regardez les petits dessins dans le filet à mots. Lisez le texte et devinez les mots. Puis, complétez le filet à mots.

Chez les Martin, on aime beaucoup la **muuiqse** (1) et on entend souvent quelqu'un qui joue d'un **iuentmrsnt** (2). M. Martin joue du **pinao** (3), Mme Martin joue de la **ftlûe** (4), Christian joue de la **gutriae** (5), et Sophie sait bien **cnhetar** (6). Sa sœur Clara adore **drasne** (7).Tous les mercredis après-midi, elle va à un **crous** de **dasne** (8). Sophie et Clara aiment la **chnseatue** (9) Camille². Le soir, elles aiment **éuecotr** (10) ses **DC** (11) ou la **riado** (12). Christian, lui, n'aime pas Camille et ses **chonnsas** (13). Il adore les **muiinecss** (14) anglais. Il est un fan des **gerupos** (15) de **rcok** (16) et de **par** (17). Avec ses amis, il va souvent à des **ccrotens** (18).

----

1 musicien, musicienne musikalisch – **2 Camille** frz. Sängerin geb. 1978

2 Pas de chance (G 41) → *nach SB S. 95*

Dans un café, Mathis attend ses copains. Tout à coup, il voit une jolie fille qui lui plaît.
Il lui pose des questions.

a *Ecrivez les réponses de la fille au **discours direct** dans les bulles bleues.*

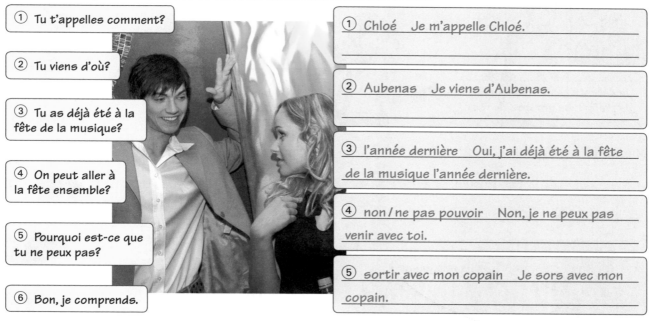

① Tu t'appelles comment?

② Tu viens d'où?

③ Tu as déjà été à la fête de la musique?

④ On peut aller à la fête ensemble?

⑤ Pourquoi est-ce que tu ne peux pas?

⑥ Bon, je comprends.

① Chloé   Je m'appelle Chloé.

② Aubenas   Je viens d'Aubenas.

③ l'année dernière   Oui, j'ai déjà été à la fête de la musique l'année dernière.

④ non / ne pas pouvoir   Non, je ne peux pas venir avec toi.

⑤ sortir avec mon copain   Je sors avec mon copain.

b *Mettez le dialogue entre Chloé et Mathis au discours indirect. Commencez comme ça:*

1. Mathis demande à Chloé comment elle s'appelle. Elle dit …

Une star est née!

3 La star de demain → *nach SB S. 97*

Complétez le texte.

Le 21 j_uin_____, c'est la f_ête_____ de la mu_sique_____. Deux m_ille_____ personnes

sont ven_ues_____ pour f_êter_____ la star de d_emain_____. Elles appl_audissent_____

leurs chan_teurs/teuses_____ préf_éré(e)s_____. Cécile va ch_anter_____ sur la sc_ène_____,

et Emma acc_ompagne_____ sa co_pine_____. Cécile g_agne_____ le premier

p_rix_____. Les gar_çons_____ cher_chent_____ les filles. F_abien_____ leur

t_éléphone_____. Mais ç_a_____ a cou_pé_____. Les gar_çons_____ sont

f_atiqués_____ et veulent qu_itter_____ la fou_le_____. Tout à co_up_____,

ils v_oient_____ les filles avec un gr_oupe_____ de mu_siciens_____ au b_ord_____

de la G_aronne_____.

4 **Star Academy**[1] (G 41) → *nach SB S. 97, Abschn. 7*

a *Une journaliste*[2] *pose des questions aux jeunes devant et derrière la scène.*
*Mettez les réponses au **discours indirect**.*

Maxime dit _qu'il déteste cette musique_ Clément veut savoir _où sont les stars_

_____ et il ajoute _qu'il préfère_ _____. Il pense _qu'elles sont toujours_

les groupes de rock . _en retard_ .

La chanteuse raconte _qu'elle a peur_ . Sa copine croit _qu'elle va être la star_

Elle demande à sa copine _si elle pense qu'elle va_ de toute la France, et elle demande à la journaliste

gagner . _si elle n'a pas vu tous les fans_ .

b *Le portable de la journaliste sonne. C'est son chef*[3]. *Ensuite, la journaliste raconte leur coup de téléphone*
à son caméraman[4]. *Ecrivez les questions et les phrases du chef au **discours direct**.*

	chef à son journaliste	journaliste à son caméraman
	1. _Où est-ce que vous êtes?_	1. Il demande où nous sommes.
	2. _Les stars sont prêtes?_	2. Il veut savoir si les stars sont prêtes.
	3. _Vous devez rencontrer la star qui gagne le prix._	3. Il nous dit que nous devons rencontrer la star qui gagne le prix.
	4. _Je pense que cette star va vendre beaucoup de CD._	4. Il explique que cette star va vendre beaucoup de CD.

c *Mettez-vous à deux et imaginez les réponses du caméraman.*

---

1 Star Academy französische Variante von „Deutschland sucht den Superstar" –
2 un(e) journaliste ein(e) Journalist(in) – **3 le chef** der Chef, der Boss – **4 le caméraman** der Kameramann

5 **Le verbe *croire*** (G 46) → *nach SB Ü10, S. 102*

Anne, Amélie, Julien et Patrick sont sur la place du Capitole. Complétez le dialogue avec le verbe croire.

1. *Anne:* Amélie, tu _crois_ que le concert va bientôt commencer?

2. *Amélie:* Oui, je _crois_. Regarde, les musiciens sont déjà sur la scène.

3. *Anne:* Vous _croyez_ qu'il y a aussi des groupes de rock?

4. *Julien et Patrick:* Oui, nous _croyons_ qu'il y a des groupes super!

5. Julien et Patrick _croient_ qu'on va aussi jouer du rap.

6. Anne ne connaît pas bien le rap, mais elle _croit_ que cette musique ne l'intéresse pas.

   Elle préfère les chansons françaises.

7. *Julien:* Des chansons françaises? J'ai _cru_ que ça n'intéresse plus personne.

6 **Ecrire: Devenir une star** → *an beliebiger Stelle*

*Ecrivez la biographie de votre star préférée au **passé composé**.*
Voilà une liste des mots que vous pouvez utiliser. Mettez le texte dans votre dossier portfolio.

un jour – d'abord – puis – après – ensuite – enfin – et – mais – alors – tout à coup

1. fête de la musique / chanter
2. vouloir chanter / derrière la scène / avoir peur
3. croire / pouvoir gagner / un prix
4. arriver / sur la scène / la foule / applaudir
5. être / génial
6. faire / CD
7. tout le monde / reconnaître / partout

7 **Mme Bernard n'est pas contente.** (G 41, 42) → *nach SB Ü2, S. 98*

Il est 23 heures. Mme Bernard attend sa fille Magali. Elle arrive enfin. Mme Bernard lui pose des questions.

a *Racontez au discours indirect.*

Exemple: Mme Bernard demande à sa fille pourquoi elle ...

1. Pourquoi est-ce que tu n'es pas rentrée à 22 heures?
2. Où est-ce que tu as été?
3. Est-ce que tes copines sont rentrées avec toi?
4. A quelle heure est-ce que tu as quitté la fête?
5. Comment est-ce que vous êtes rentrées à la maison?
6. Est-ce que tu as fait tes devoirs pour lundi?

b *Imaginez à deux les réponses de Magali et jouez la scène.*

8 **En français: Des Allemands à Toulouse** (G 42)   → *nach SB Ü3, S. 98*

Un groupe de jeunes Allemands est venu à Toulouse avec leur professeur. Ils ne parlent pas bien le français.
Ils parlent à Bruno et à Marco qui attendent devant la scène, mais Marco ne comprend pas les Allemands.

Racontez ce que Bruno dit à Marco quand les Allemands sont partis. Attention aux pronoms et à l'accord des verbes!

Exemple: 1. <u>Les Allemands disent qu'ils viennent d'Allemagne et qu'ils sont arrivés avec leur professeur</u>
        <u>à Toulouse.</u>

1. Wir kommen aus Deutschland und wir sind mit unserer Lehrerin in Toulouse angekommen.

2. Wir suchen das Capitol. Wisst ihr, wo das ist?

3. Gibt es ein Café in der Nähe des Capitol? Wir haben Durst.

4. Könnt ihr uns das Programm des Musikfestes zeigen?

5. Singen deine Freunde auch auf der Bühne?

6. Um wieviel Uhr beginnt das Konzert?

7. Es gibt hier viele gute Rockgruppen. Wo findet man sie?

> Les verbes à la page 98 de votre livre peuvent vous aider.

9 **Jeu de nombres** (G 43)   → *nach SB Ü4, S. 99*

a *Lisez les nombres et devinez combien de CD ces stars ont vendus en 2007. Ecrivez le chiffre en lettres.*

CM Polar	Bonnegomme	Clubistines	Alex Darras	Mocknam
111 – 222 – 333 – **?**	‚888 – 8880 – 88800 – **?**	1250 – 2500 – 5000 – **?**	56789 – 45678 – 34567 – **?**	78080 – 78073 – 78066 – **?**
? = quatre cent quarante-quatre	**?** = huit cent quatre-vingt-huit mille	**?** = dix mille	**?** = vingt-trois mille quatre cent cinquante-six	**?** = sept cent quatre-vingts mille cinquante-neuf

b *Ecrivez les nombres en chiffres.*

1. quatre mille huit cent quatre-vingt-douze – <u>4892</u>

2. trente-sept mille soixante-dix-neuf – <u>37079</u>

3. cinq cent mille six cent soixante et un – <u>500 661</u>

c *Travaillez à deux. Ecrivez 5 nombres de 1000 à 10000 dans votre cahier (en chiffres).
Lisez les nombres à votre partenaire qui les note (en chiffres). Puis, comparez vos listes.*

10 **Un concert important** (G 44) → *nach SB Ü5, S. 99*

Samedi, il y a un concert de rock à Odyssud. Il n'y a que 190 billets. Tous les fans veulent être les premiers pour acheter un billet. La caisse ouvre à midi, mais Jérémie est déjà devant la caisse à 10h30. Les autres arrivent après lui.

Devinez les noms et mettez les chiffres sous les personnes en couleur[1].
Ensuite, écrivez les phrases dans votre cahier.

Exemple: Jérémie est le premier.

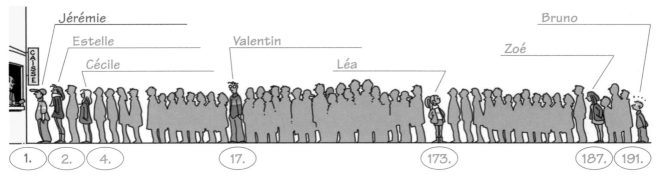

1. Estelle arrive tout de suite après Jérémie, mais avant Cécile.
2. Cécile arrive après Estelle. Avant elle, une autre personne a acheté son billet.
3. Valentin arrive après Estelle. Avant Valentin, mais après Cécile, douze personnes ont acheté leurs billets.
4. Léa arrive avant Bruno et Zoé. Entre[2] Zoé et Bruno, trois personnes attendent.
5. Bruno est le dernier. Bruno ne peut pas aller au concert parce qu'il n'y a plus de billets. La personne avant lui a acheté le dernier billet.
6. Entre Léa et Zoé, treize personnes ont acheté un billet.

11 **Une visite à Toulouse** → *an beliebiger Stelle*

Sarah, qui habite à Paris, va à Toulouse chez ses cousins pour le week-end.

Ajoutez le pronom personnel le, la, l', les, lui, leur. *Mettez-le à la bonne place.*

1. Elle _leur_ écrit _____ qu'elle va arriver à Toulouse à midi.   2. Elle _leur_ demande _____ s'ils _____ peuvent venir _la_ chercher à la gare.   3. Elle a acheté des cadeaux pour toute la famille et elle _les_ met _____ dans son sac.   4. Elle pense à sa tante Julie: elle _____ veut _lui_ apporter du chocolat.   5. Ses cousins aiment bien la musique. Alors, elle _____ va _leur_ apporter un CD. Elle _le_ trouve _____ très bien.

6. Quand elle arrive à la gare, les cousins sont là et ils _l'_ embrassent _____.

7. Elle _____ veut _leur_ donner tout de suite leurs cadeaux, mais elle ne _les_ trouve _____ pas.   8. Zut ! Elle _les_ a _____ oubliés à la maison.

12 **Préparons la fête.** → *an beliebiger Stelle*

Vous trouvez cet exercice à la page 92 de votre cahier.

_____
1 en couleur farbig – **2 entre** zwischen

13 **Un matin avant l'école** (G 45) → *nach SB Ü6, S. 99*

Il est 7h45. La famille Leroi a pris le petit-déjeuner et maintenant, ils doivent partir pour l'école.
Mais ils ne sont pas encore tous prêts.

Qu'est-ce qu'ils disent? Utilisez l'impératif avec un pronom.

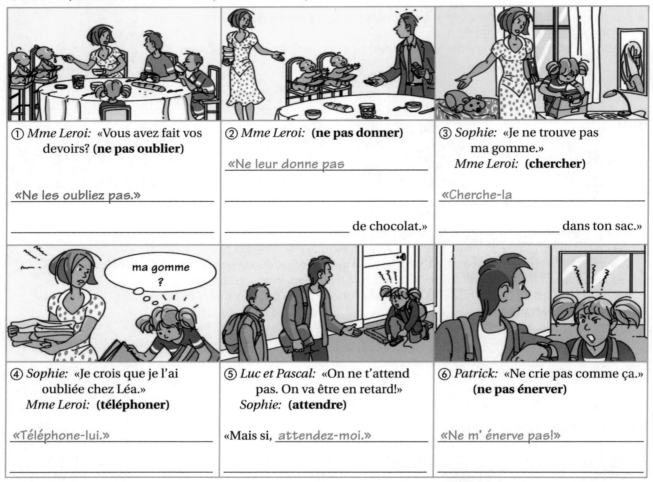

① *Mme Leroi:* «Vous avez fait vos devoirs? **(ne pas oublier)**

«Ne les oubliez pas.»

_____

② *Mme Leroi:* **(ne pas donner)**

«Ne leur donne pas

_____

_____ de chocolat.»

③ *Sophie:* «Je ne trouve pas ma gomme.»
Mme Leroi: **(chercher)**

«Cherche-la

_____ dans ton sac.»

④ *Sophie:* «Je crois que je l'ai oubliée chez Léa.»
Mme Leroi: **(téléphoner)**

«Téléphone-lui.»

_____

⑤ *Luc et Pascal:* «On ne t'attend pas. On va être en retard!»
Sophie: **(attendre)**

«Mais si, attendez-moi.»

_____

⑥ *Patrick:* «Ne crie pas comme ça.» **(ne pas énerver)**

«Ne m' énerve pas!»

_____

14 **Musique et poème** → *an beliebiger Stelle*

a *Cherchez l'intrus.*

☐ chanter	☐ une flûte	☒ une fête	☐ le jazz	☐ un musicien
☐ un concert	☒ un DVD	☐ un chanteur	☒ une place	☐ une note
☐ un musicien	☐ une guitare	☐ écouter	☐ le rap	☒ un billet
☒ danser	☐ un piano	☐ applaudir	☐ le rock	☐ une chanson

b *Mettez-vous à deux. Choisissez un mot de la liste sur le thème[1] de «la musique» et écrivez un petit poème d'après un des trois modèles (nach einem der drei Muster).*

un acrostiche	un poème de onze mots		un mot-clé[2] pour faire un poème
Faisons la fête!	Chansons	*(un mot)*	**C**'est le week-end
Êtes-vous là?	La star	*(deux mots)*	Fin**i** le travail
Tout le monde?	Ecouter les musiciens	*(trois mots)*	**O**n rencontre des copains
Entendez-vous la musique?	Allons à un concert!	*(quatre mots)*	On **é**coute de la musique
	Musique!	*(un mot)*	On a le te**m**ps
			D'**a**ller à un concert.

---

1 le thème das Thema, *hier:* Wortfeld – **2 un mot-clé** ein Schlüsselwort

15 **Ecouter: Interview avec une star** → *nach SB Ü9, S. 101*

Une chanteuse va donner un concert dans une ville française. Anna
va en ville pour acheter un billet. Tout à coup, elle voit la chanteuse
dans un café et lui demande si elle peut lui poser quelques questions.

a *Ecoutez le dialogue une première fois et notez tous les mots-clés dans votre cahier.*

b *Ensuite, écoutez une deuxième fois et notez les informations dans le tableau.*

Le genre du texte *(Textsorte)*	une interview
Qui parle?	Valériana et Anna
De quoi?	parents, études, albums, prix, cinéma
Où?	dans un café
Quand?	avant le concert

c *Ecoutez le dialogue une troisième fois et cochez la ou les bonnes réponses.*

1. ☐ Valériana ne veut pas répondre aux questions d'Anna parce qu'elle n'a pas le temps ☐ Elle veut poser des questions à Anna. ☒ Anna peut faire une interview avec elle.	2. ☐ Valériana n'est pas son vrai nom. ☒ C'est son prénom[2]. ☒ Son vrai nom est Valériana Dodolina.
3. ☐ Valériana est née le 10 mars 1976 à Paris. ☐ Elle est née le 10 mars 1978 à Toulouse. ☒ Elle est née le 10 mars 1978 à Paris.	4. ☒ Sa mère est professeur. ☐ Son père fait de la musique ☒ Ses parents ne lui ont pas donné l'idée de faire de la musique.
5. ☐ Avant de devenir chanteuse, Valériana est née. ☐ Elle a toujours été chanteuse. ☒ Elle a fait des études[1] avant de devenir chanteuse.	6. ☒ Elle a sorti son premier album en 2002. ☒ Elle a vendu 500.000 CD en 2005. ☐ Elle a vendu 50.000 CD en 2005.

d *Rappelez-vous (Erinnert euch an) des questions qu'Anna a posées et des réponses
de la star. Résumez en trois ou quatre phrases cette interview. Utilisez le discours indirect.*

Exemple: Anna demande à Valériana si elle peut lui poser quelques questions. Valériana répond

qu'elle n'a pas beaucoup de temps, mais qu'elle est d'accord. Anna veut savoir …

16 **Une lettre à OKAPI** → *nach SB Ü8, S. 100*

Les jeunes écrivent souvent des lettres à OKAPI, un journal pour les jeunes, quand ils ont des problèmes.
Voici la lettre de Marie:

> J'ai un problème avec mes copains. Je n'aime pas du tout la musique qu'ils adorent.
> Le rock et le rap, toute cette musique à la mode, c'est nul à mon avis. Mais j'aime bien
> les chansons françaises, d'Edith Piaf, par exemple. Je ne peux pas le dire à mes copains.
> Ils vont rigoler. J'aime bien mes copains, mais pour la musique, on n'est jamais d'accord.
> Que faire?

Ecrivez une réponse à la lettre de Marie. Regardez aussi l'exercice 8 de votre livre à la page 100.

---

1 faire des études studieren – **2 le prénom** der Vorname

⟨**Auto-contrôle**⟩ *(Die Lösungen findet ihr auf Seite 97.)*

1 Aurélie raconte. (G 41) – *Mettez les phrases au discours direct.*

Luc vient d'appeler Aurélie. Ensuite, elle téléphone tout de suite à sa copine Annie
pour tout lui raconter.

1. Luc demande s'il peut m'inviter à aller au cinéma avec lui.
2. Mais je lui réponds que je ne peux pas parce que j'ai un cours de piano.
3. J'ajoute que je vais peut-être avoir le temps samedi.
4. Je lui raconte que mon cousin Marco a aussi envie de venir.
5. Alors, il me répond que cela ne l'intéresse pas. Je pense qu'il est bête.

2 Au téléphone (G 42) – *Mettez l'interrogation indirecte.*

Isabelle veut appeler sa copine Magali, mais elle n'est pas là. La mère de Magali, Mme Blin, est au téléphone.
Isabelle lui pose des questions.

Exemple: Isabelle demande à Mme Blin si elle peut parler à Magali.

1. Bonjour, madame. Est-ce que je peux parler à Magali?
2. Quand est-ce qu'elle revient?
3. Est-ce qu'elle est allée au collège?
4. A quelle heure est-ce que je peux lui téléphoner?
5. Vous pouvez lui dire de m'appeler?

3 Fais-le ou ne le fais pas. (G 45) – *Remplacez les mots soulignés par un pronom et faites la négation.*

Exemple: Regarde cette vidéo. – Ne la regarde pas.

1. Aide ton frère. – Ne l'aide pas   .

2. Téléphone-moi. – Ne me téléphone pas   .

3. Ecrivez à vos cousins. – Ne leur écrivez pas   .

4. Achetez cette BD. – Ne l'achetez pas   .

5. Attendez vos copains. – Ne les attendez pas   .

6. Montre cet exercice à ton professeur. – Ne lui montre pas cet exercice   .

4 Qu'est-ce que tu crois? (G 46) – *Trouvez les formes du verbe* croire *et ajoutez les pronoms.*

tu	R C I S O crois	il	T I O R C croit	ils	C I R O N T E croient
nous	O N C Y R O S croyons	je	C R I O S crois	vous	Z O Y R C E croyez
				j' ai	U R C cru

5 Quand on va à un concert. (G 43, 44) – *Mettez les phrases en français.*

Léa, Zoé, Marc et Victor veulent aller à un concert. Ils discutent.

1. *Léa:* Zoé, glaubst du, das Konzert wird uns gefallen?
2. *Zoé:* Es wird super! 5.000 Fans werden kommen! Wir dürfen nicht zu spät kommen!
3. *Victor:* Ich werde der Erste sein! Ich war noch nie auf einem Konzert!
4. *Marc:* Von wegen! Hast du vergessen, dass du 2007 auf dem Konzert vor dem Capitole warst!
5. *Victor:* Ach ja. Das war eine schreckliche Musik! Aber wenn ich schon auf ein Konzert von meiner
Lieblingsgruppe gehe, muss ich vor der Bühne stehen!

LEÇON 8

Aventures dans les Pyrénées

1 **Tout est possible dans les Pyrénées.** → *nach SB, S. 107*

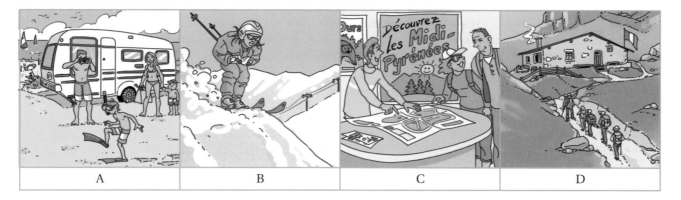

A	B
C	D

a *Quel texte va avec quelle image? Ecrivez les lettres dans les cases.*

1. J'ai travaillé pendant les vacances. J'ai donné des informations aux touristes sur la région.	*C*
2. On a vu beaucoup de poissons dans l'eau et on a rencontré des copains français.	*A*
3. La nature est super… et tous les jours, on a mangé du fromage!	*D*
4. Moi, j'adore le sport. Je monte et je descends toute la journée.	*B*

b *Regardez les images. Où est-ce que se trouvent les personnes?*

A: *La famille allemande se trouve dans un terrain de camping près de la mer* .

B: *La jeune fille se trouve à la montagne dans une station de ski* .

C: *Le jeune homme se trouve dans un office de tourisme* .

D: *Le groupe se trouve dans la montagne, en France* .

2 **Souvenir des Pyrénées** (G 47) → *nach SB, S. 107*

Regardez l'image. Lisez les réponses et trouvez les questions.
Utilisez qui est-ce qui/qui est-ce que, qu'est-ce qui/qu'est-ce que.

1. *Qu'est-ce que* la dame a vu?
   La dame a vu **un ours**.

2. *Qui est-ce qui* a faim?
   L'ours a faim.

3. *Qui est-ce que* le monsieur
   ne comprend pas?
   Le monsieur ne comprend pas **sa femme**.

4. *Qu'est-ce qui* intéresse l'ours?
   Le pique-nique intéresse l'ours.

A Un long week-end à la montagne

3 Les mille questions de Zoé (G 47)   → *nach SB S. 108, Abschn. 3*

Zoé n'arrête pas de poser des questions à sa mère.

Lisez les réponses et cochez les bonnes questions.

1.	«Qu'est-ce qu' [x] «Qui est-ce qu' [ ]	on entend dans les arbres?»	– C'est le vent.
2.	«Qui est-ce qui [x] «Qui est-ce qu' [ ]	a déjà vu un ours dans la forêt?»	– Ta maman!
3.	«Qu'est-ce qu' [x] «Qu'est-ce qui [ ]	on va faire dans le chalet?»	– On va manger.
4.	«Qu'est-ce que [ ] «Qu'est-ce qui [x]	plaît aux ours?»	– Surtout le miel[1]!
5.	«Qu'est-ce qui [ ] «Qui est-ce que [x]	tu vas aider ce soir?»	– Je vais aider ton père.
6.	«Qui est-ce que [ ] «Qui est-ce qui [x]	énerve papa?»	– Tes frères et sœurs.
7.	«Qu'est-ce que [x] «Qu'est-ce qui [ ]	la météo a annoncé?»	– Du soleil.

4 Des problèmes à l'office de tourisme   → *nach SB Ü3, S. 109*

Complétez la brochure (die Broschüre) pour les randonneurs (Wanderer).

Pour passer de bonnes vacances à la montagne!

Avant votre départ, écoutez la météo. Dans la montagne, les **températures** changent vite. Le soir, le **vent** est souvent très froid.

Prenez assez d'eau! Si vous **marchez** toute la journée, vous avez **besoin** de boire beaucoup.

Préparez votre journée avec une carte ou **contactez** un **guide** de l'office de tourisme. Il connaît tous les **chemins** de la montagne.

Respectez la nature. Notre **région** est belle, nous voulons qu'elle le reste! Ramassez vos papiers et ne faites jamais de feu[2] dans la **forêt**.

Si vous voyez des **traces** d'**ours**, il ne faut pas avoir peur. Ces animaux ont plus peur que vous! Surtout, il ne faut pas crier ou **courir**.

La montagne n'est pas un **terrain** de **camping**! Vous pouvez dormir dans les **chalets** qui sont là pour vous.

1 le miel [ləmjɛl] der Honig – **2 le feu** [ləfø] das Feuer

5 **Lire: Une campagne d'éducation¹** → *an beliebiger Stelle*

a *Regardez bien le document et répondez aux questions dans votre cahier.*

1. Le CPN, qu'est-ce que c'est? <u>Le Club Connaître et Protéger la Nature</u>

2. Qu'est-ce qu'on peut adopter²? <u>Les arbres des villes et villages</u>

3. Pour avoir plus d'informations, il faut aller sur quel site internet? <u>Sur le site www.fcpn.org</u>

4. Qui est-ce qui soutient³ la FCPN? <u>Le Ministère de l'Ecologie et du Développement Durable</u>

b *Lisez les phrases et cochez les bonnes réponses.*

	Vrai	**Faux**	**On ne sait pas**
1. Pendant la campagne, il faut adopter un arbre.	x		
2. Les activités sont seulement pour les enfants.			x
3. On organise cette campagne pour connaître les villes et les villages.		x	
4. On organise cette campagne pour découvrir⁴ la vie des arbres.	x		
5. On organise cette campagne pour soigner⁵ les arbres malades.	x		
6. On organise cette campagne depuis cinq ans.			x

---

1 l'éducation *(f.)* die Erziehung – **2 adopter** adoptieren – **3 soutenir** unterstützen – **4 découvrir** entdecken – **5 soigner** pflegen

6 Rencontres (G 48) → *nach SB Ü2, S. 109*

a *Regardez les images et lisez le texte. Complétez avec les pronoms donnés.*

| moi | toi | lui | toi | vous | eux | elles | moi | toi | lui | nous | moi | eux | lui |

b *Mettez l'histoire dans le bon ordre. Ecrivez le numéro des images.*

N° __4__

Le guide: Paul, pourquoi est-ce que tu cours?

Marie: Quoi? __Lui__ , il ne court jamais!

Paul: Vite, il est derrière __moi__ !

Marie: Mais qui est derrière __toi__ ?

N° __3__

Le guide: Marie, que fait Paul?

Marie: C'est un ours[1]! Il faut partir sans __lui__ !

Isa: D'accord. Les ours restent avec les ours!

Ils sont chez __eux__ dans la forêt!

N° __2__

Le guide: On fait une halte? J'ai faim, __moi__ !

Et __vous__ ?

La dame: Oh oui ! Nous avons préparé des

sandwiches[2] pour __toi__ . Tu manges avec

__nous__ ?

Paul: Elles m'énervent! Je ne veux pas manger

avec __elles__ ! Je reste ici.

N° __1__

Le guide: __Moi__ , j'ai super bien dormi!

Quelle belle journée!

Paul: Il m'énerve ! Je ne veux plus marcher avec

__lui__ ! Et __toi__ ?

Marie: Mais les autres continuent. Alors, je pars

avec __eux__ !

c *Imaginez la suite de l'histoire. Faites un dessin et écrivez un mini-dialogue dans votre cahier.*

------

1 un ours *hier:* ein Brummbär – **2 un sandwich** ein Sandwich, ein belegtes Brot

7 **Le bon chemin (A)** → *nach SB Ü7, S. 111*

Hier handelt es sich um einen Partner-Bogen.
Du arbeitest mit dem A-Bogen, dein(e) Partner(in) mit dem B-Bogen auf Seite 78.
Du bist zu Besuch in einer französischen Stadt. Einige Stadtviertel kennst du schon ganz gut,
andere noch nicht. Dein(e) Partner(in) kann dir dabei helfen, dich zurechtzufinden.
Aber auch er (sie) braucht deinen Rat. Befragt euch gegenseitig.

1. *Du fragst sie (ihn) nach Orten in der Liste, vor denen keine Zahl steht. Dein(e) Partner(in) erklärt dir*
   den Weg und nennt dir die Ziffer, die in ihrer (seiner) Karte für diesen Ort eingetragen ist.
2. *Versuche, mithilfe ihrer (seiner) Wegbeschreibung dein Ziel zu finden und trage die Ziffer, die sie (er)*
   dir nennt, in den leeren Kreis auf dem Stadtplan und in deine Liste ein.
3. *Die Orte, die du deiner Partnerin (deinem Partner) erklären sollst, haben in ihrer (seiner) Liste keine Zahl.*
   Du erklärst ihr (ihm) den Weg und gibst die entsprechenden Ziffer an, die bei dir für ihr (sein) Ziel
   eingetragen ist.
4. *Wenn alle Ziele erreicht sind, vergleicht eure Stadtpläne und Listen. Sie müssen übereinstimmen.*

Tipp: *Schau dir vor Beginn der Übung den On-dit-Kasten im Schülerbuch auf Seite 111 an.*

14	le supermarché		le restaurant «Chez Antoine»
	la cathédrale	6	l'Hôtel de Paris
12	le Musée Picasso	3	la piscine
	le marché		le café des sports
16	le collège Henri IV	1	l'office de tourisme
11	la poste		l'hôpital
	le parc Napoléon	5	le cinéma Paradis
8	l'Hôtel de ville		un magasin de vêtements
	le théâtre		

Exemple:

A Tu sais où est le supermarché?
B Ah oui, attends. D'abord, tu vas tout droit. Puis, tu prends la deuxième rue à droite.
   Le supermarché est à droite. C'est le numéro 14.

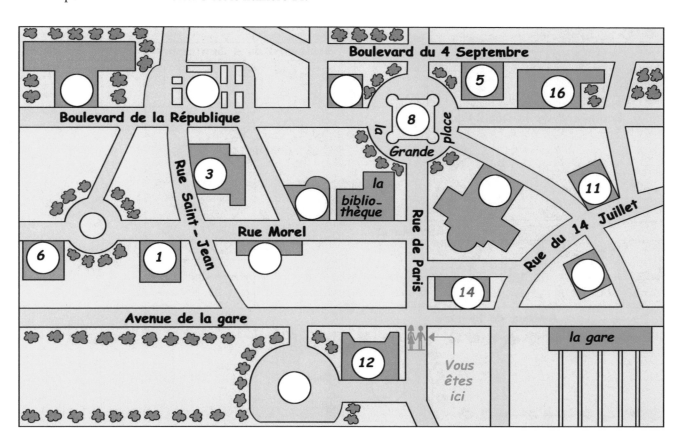

7 Le bon chemin (B) → *nach SB Ü7, S. 111*

Hier handelt es sich um einen Partner-Bogen.
Du arbeitest mit dem B-Bogen, dein(e) Partner(in) mit dem A-Bogen auf Seite 77.
Du bist zu Besuch in einer französischen Stadt. Einige Stadtviertel kennst du schon ganz gut,
andere noch nicht. Dein(e) Partner(in) kann dir dabei helfen, dich zurechtzufinden.
Aber auch er (sie) braucht deinen Rat. Befragt euch gegenseitig.

1. *Du fragst sie (ihn) nach Orten in der Liste, vor denen keine Zahl steht. Dein(e) Partner(in) erklärt dir*
   den Weg und nennt dir die Ziffer, die in ihrer (seiner) Karte für diesen Ort eingetragen ist.
2. *Versuche, mithilfe ihrer (seiner) Wegbeschreibung dein Ziel zu finden und trage die Ziffer, die sie (er)*
   dir nennt, in den leeren Kreis auf dem Stadtplan und in deine Liste ein.
3. *Die Orte, die du deiner Partnerin (deinem Partner) erklären sollst, haben in ihrer (seiner) Liste keine Zahl.*
   Du erklärst ihr (ihm) den Weg und gibst die entsprechenden Ziffer an, die bei dir für ihr (sein) Ziel
   eingetragen ist.
4. *Wenn alle Ziele erreicht sind, vergleicht eure Stadtpläne und Listen. Sie müssen übereinstimmen.*

Tipp: *Schau dir vor Beginn der Übung den On-dit-Kasten im Schülerbuch auf Seite 111 an.*

14	le supermarché	17	le restaurant «Chez Antoine»
2	la cathédrale		l'Hôtel de Paris
	le Musée Picasso		la piscine
4	le marché	13	le café des sports
	le collège Henri IV		l'office de tourisme
	la poste	9	l'hôpital
7	le parc Napoléon		le cinéma Paradis
	l'Hôtel de ville	10	un magasin de vêtements
15	le théâtre		

Exemple:

A Tu sais où est le supermarché?
B Ah oui, attends. D'abord, tu vas tout droit. Puis, tu prends la deuxième rue à droite.
   Le supermarché est à droite. C'est le numéro 14.

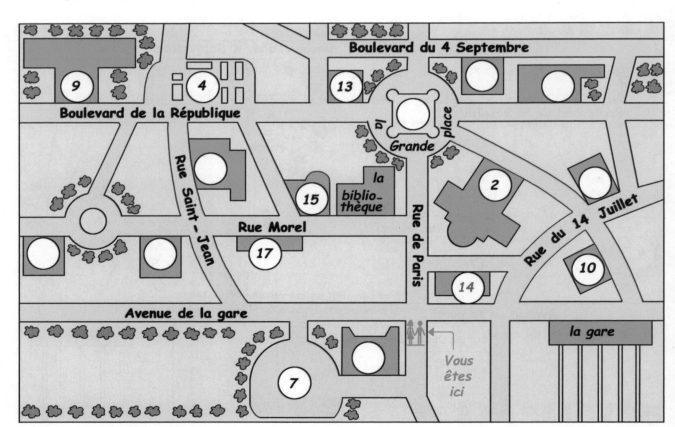

B Aventures

8 Un vieux livre de contes[1] → *nach SB S. 111*

Julie a trouvé un vieux livre de contes chez sa grand-mère. Mais, il y a des mots qu'on ne peut plus bien lire. Lisez le texte et complétez les mots.

Les parents de Hansel et Gretel sont pauvres[2]. La famille a souvent faim. La mère dit au père qu'il faut perdre les enfants dans la forêt. Hansel et Gretel se cachent derrière la porte et entendent son plan. Ils vont se promener pour ramasser des petits cailloux[3] qui vont les aider à retourner chez eux. Le lendemain, les parents les laissent dans la forêt et partent vite, mais les enfants retrouvent leur maison. Le soir, les parents se disputent parce que la mère veut essayer son plan encore une fois. Deux ou trois jours après, lorsque[4] les enfants sont en train de s'amuser avec les petits chats, les parents leur disent de venir avec eux pour découvrir la grande forêt. Hansel et Gretel ont peur, mais ils vont avec leurs parents. Tout à coup, les parents ne sont plus là. Hansel et Gretel appellent leurs noms, mais rien ne se passe. Personne ne répond. Les deux enfants se trouvent seuls dans la forêt. Le soleil se cache derrière les arbres et il commence à faire nuit. Tout à coup, ils découvrent une petite maison entre les arbres. Quelqu'un a construit cette maison en pain et en sucre. Une vieille femme sort et les invite à manger. Mais, la vieille femme est une sorcière[5] et elle veut manger Hansel. Mais la sorcière ne voit pas du tout bien et Gretel la pousse[6] dans le four[7]. Puis, ils retournent chez leurs parents qui sont très contents de les revoir.

 9 Jouer et réviser → *Bastelbogen IV*

Ihr findet den Spielbogen mit Spielanleitung in der Mitte des Heftes. Die Lösungen dazu findet ihr jeweils auf der Rückseite des Bogens. Dort findet ihr auch einen Hinweis auf die Übung, die ihr dazu wiederholen könnt.

---

1 un livre de contes ein Märchenbuch – **2 pauvre** arm – **3 le caillou** der Kieselstein – **4 lorsque** als – **5 la sorcière** die Hexe – **6 pousser** schieben – **7 le four** der Ofen

10 **Qu'est-ce qui se passe?** (G 50) → *nach SB Ü5, S. 115*

Regardez les dessins et répondez aux questions. Utilisez les verbes se disputer, se cacher, se demander, se lever, se promener, se passer, s'amuser, s'excuser.

1. – Qu'est-ce que vous faites, les filles?
   – Nous <u>nous promenons</u> en ville.

2. – Pourquoi est-ce que tu es triste?
   – Parce que mes parents <u>se disputent</u> toujours.

3. – Est-ce que je peux parler à Nathalie, s'il vous plaît?
   – Non, le dimanche, elle ne <u>se lève</u> jamais avant midi.

4. – Je <u>me demande</u> pourquoi mon porte-monnaie est vide!
   – C'est moi, je <u>m'excuse</u> .

5. – Mais où sont les enfants ?
   – Ils <u>se cachent</u> toujours.

6. – Vous <u>vous amusez</u> bien?
   – Super! L'ambiance est géniale!

7. – Qu'est-ce qui <u>se passe</u> ?
   – Euh, rien. La musique est trop forte[1]?

____
1 fort/forte laut

11 **Une histoire bizarre** (G 50) → *vor SB Ü5, S. 115*

Les Leclerc veulent faire une promenade. Mais leurs enfants ne sont pas du tout d'accord.

a *Regardez les 8 dessins et mettez les 8 phrases de **b** dans le bon ordre. Ecrivez les numéros sous les dessins.*

| 1 | 6 | 8 | 5 |

| 2 | 3 | 7 | 4 |

b *Ecrivez les phrases correctes dans votre cahier.*

1	veulent	se promener	Aujourd'hui,	avec	enfants.	aller	leurs	les Leclerc
	3	5	1	6	8	4	7	2

5	enfants.	peuvent	s'amuser	Ils	leurs	sans
	6	2	3	1	5	4

3	ne	avec	jamais	Nous	amusons	vous.	nous
	2	6	5	1	4	7	3

7	journée	ne	Votre	pas	s'est	bien	passée?
	2	3	1	5	4	6	7

6	A 20 heures,	au parc et	encore	leurs enfants	ne	se trouvent	plus.	ils	s'amusent
	1	5	4	6	7	3	9	2	8

2	ne	se lever.	Les enfants	veulent	pas
	2	5	1	3	4

4	eux.	veulent	Les Leclerc	ne	pas	se disputer	avec
	7	3	1	2	4	5	6

8	vous	nous voulons	où	êtes et	demandons	excuser	Nous nous	nous
	4	6	3	5	2	8	1	7

12 **Chez le médecin** → *nach SB Ü3, S. 114*

Vous trouvez cet exercice à la page 93 de votre cahier.

13 Ah, ces Parisiens[1]! (G 49, 51) → *nach SB Ü2, S. 114*

Lisez le texte et complétez avec les verbes construire, conduire *ou* courir.

Gaston: Oh là là, mais il fait chaud! Pourquoi est-ce que vous

c o u r e z comme ça?

Parisien 1: Mais nous ne c o u r o n s pas!

Ferdinand: Mais si, les Parisiens c o u r e n t

toujours. Et avec les grosses voitures qu'on

c o n s t r u i t aujourd'hui,

ils c o n d u i s e n t comme des fous!

Gaston: C'est vrai ça, moi, quand je c o n d u i s, je reste calme[2]! Nous n'avons jamais d'accident!

Parisien 2: C o n d u i r e à la campagne, c'est autre chose! Mais comment est-ce que

vous savez que nous sommes de Paris?

Ferdinand: On vous connaît! Vous c o n s t r u i s e z un chalet à côté de chez moi.

Les Parisiens c o n s t r u i s e n t des chalets très grands et ça va toujours très vite!

Gaston: Oui, c'est dommage! Nous, quand on c o n s t r u i t, on aime bien prendre

notre temps pour faire les choses bien!

Ferdinand: C'est ça! Ici, on ne c o u r t pas souvent, mais il y a une exception[3]!

Quand un ours c o u r t derrière vous!

 14 En français → *nach SB Ü3, S. 114*

Stell dir vor, du hast in Paris einen kleinen Unfall gehabt. Du wirst von deinen Eltern in das Krankenhaus begleitet, wo auch Nathan liegt. Ihr unterhaltet euch.

Nathan	**Toi**
1. Er stellt sich vor und fragt dich, wie du heißt.	2. Du begrüßt Nathan, antwortest auf seine Frage und fragst ihn, seit wann er im Krankenhaus liegt.
3. Er liegt hier seit sechs Tagen und das ist nicht witzig. Er fragt dich, warum du hier bist.	4. Du sagst, dass du Kopfschmerzen hast: Wenn man Dummheiten auf Rollerskates macht, fällt man.
5. Nathan sagt, zwei sportliche Jungs seien im Krankenhaus ein Problem für die Ärzte.	6. Na ja! Sie lachen gerne.
7. Nathan sagt dir, dass er Schokolade hat, und fragt dich, ob du Schokolade möchtest.	8. Du lehnst dankend ab. Denn jetzt hast du Bauch-schmerzen.

---

1 un Parisien/une Parisienne ein Pariser/eine Pariserin – **2 calme** ruhig – **3 une exception** eine Ausnahme

15 **Ecouter: A l'office de tourisme de Toulouse** → *an beliebiger Stelle*

36

a *C'est le mois d'août. Emilie et Philippe sont à Toulouse pour la première fois. Ils vont à l'office de tourisme pour avoir des informations sur la ville. Ecoutez le texte, lisez les phrases et cochez la bonne réponse.*

1. La dame leur propose de visiter
   ☐ la Garonne. ☒ la Cité de l'Espace[1]. ☐ le Capitole.

2. Pour y aller, ils doivent prendre le bus
   ☐ 13. ☒ 37. ☐ 36.

3. Emilie et Philippe ont quel âge?
   ☐ 15 et 18 ans ☒ 15 et 17 ans ☐ 15 et 16 ans

4. Le prix pour les jeunes, c'est
   ☐ 3 €. ☐ 30 €. ☒ 13 €.

5. La Cité de l'Espace est ouverte
   ☐ de 10h à 19h. ☐ de 9h à 18h. ☒ de 9h à 19h.

Toulouse: la Cité de l'Espace

b *Les Leblanc de Lille arrivent à l'office de tourisme. Ecoutez, lisez et cochez la bonne réponse.*

1. Ils ne veulent plus continuer la visite parce qu'	2. L'office de tourisme se trouve	3. La dame à l'office de tourisme leur dit d'aller	4. Pour y aller, ils …?
☐ il fait mauvais temps.	☐ au bord de la Garonne.	☐ au bord de la Garonne.	☐ prennent un taxi.
☐ ils veulent rentrer à l'hôtel.	☒ derrière le Capitole.	☐ près d'un parc.	☐ prennent un bus.
☒ ils ont beaucoup marché	☐ près de la gare.	☒ près du canal du Midi.	☒ marchent.

c *M. et Mme Steinmüller arrivent de Bonn. Ecoutez, lisez et cochez la bonne réponse.*

1. Ils sont arrivés à Toulouse	2. Ils veulent avoir des informations sur	3. Le site[3] Airbus-France se trouve	4. La visite dure[2]
☐ en train.	☐ le canal du Midi.	☐ au bord de la Garonne.	☒ une heure et demie.
☒ en Airbus.	☒ Airbus-France.	☐ près du canal du Midi.	☐ deux heures.
☐ en voiture.	☐ un match de rugby.	☒ à Colomiers.	☐ trois heures.

5. On fait la visite	6. A Toulouse, on construit
☐ en vélo.	☐ l'Airbus A 328.
☐ en voiture.	☐ l'Airbus A 318.
☒ en bus.	☒ l'Airbus A 380.

le site[3] avec les halls de fabrication[4]

---

1 **la Cité de l'Espace** das Luft- und Raumfahrtmuseum in Toulouse – **2 durer** dauern –
3 **le site** das Gelände – **4 les halls de fabrication** die Fertigungshallen

16 Une visite virtuelle[1] au Parc National des Pyrénées → *nach SB Ü7, S. 116*

Lisez encore une fois la stratégie à la page 116 de votre livre. Puis lisez les questions et répondez.

1. Regardez sur Internet le site du Parc National des Pyrénées: www.parc-pyrenees.com

2. Pour visiter le parc, vous arrivez en train d'Allemagne. Pour savoir comment aller au parc, sur quoi cliquez-vous?

trouver

3. A quelles gares est-ce que vous pouvez descendre?

Pau, Tarbes, Lourdes, Lannemezan

4. Cherchez sur le site un plan du Parc National des Pyrénées. Donnez le nombre de vallées[2] que vous y trouvez.

6

5. Vous voulez faire une randonnée[3] avec votre chien, mais ce n'est pas possible. Trouvez une solution.

Il y a des pensions pour les chiens

6. Dans le parc, on peut voir beaucoup de fleurs. Quelles sont les fleurs qu'on trouve au dessus[4] de 2900 mètres?

le genévrier (der Wachholder)

7. Vous voulez randonner[5] dans la vallée de Luz avec un guide. A quel numéro de téléphone pouvez-vous le contacter?

05 62 92 87 28

8. Vous voulez randonner dans le parc en hiver. Trouvez les règles[6] qu'il faut respecter en hiver. Donnez-en une.

Il ne faut pas suivre les traces des animaux.

Il faut marcher en petits groupes.

Il faut écouter la météo.

9. Comment s'appellent les chalets où on peut dormir?

Les refuges

10. Où est-ce qu'on peut trouver leurs adresses?

www.gites-refuges.com

11. Vous voulez connaître la vallée de Luz. Vous prenez le chemin de Saint-Saud. De quel village est-ce que vous partez?

Gavernie

12. La faune[7] des Pyrénées: retrouvez ces animaux sur le site. Donnez leurs noms.

le desman   *le gypaète barbu*   *le percnoptère d'Egypte*

---

1 virtuel/le virtuell – **2 une vallée** ein Tal – **3 une randonnée** eine Wanderung – **4 au-dessus de** oberhalb von – **5 randonner** wandern – **6 une règle** eine Regel – **7 la faune** Fauna, Tierwelt

⟨Auto-contrôle⟩   *(Die Lösungen findet ihr auf Seite 97.)*

1   La météo (G 47) – *Stellt die richtigen Fragen zu den fett gedruckten Wörter.*

1. On entend **l'orage**. <u>Qu'est-ce qu'on entend</u> ?

2. **Le vent** se lève. <u>Qu'est-ce qui se lève</u> ?

3. Les nuages apportent **la pluie**. <u>Qu'est-ce que les nuages apportent</u> ?

4. **Le guide** a annoncé du beau temps. <u>Qui est-ce qui a annoncé du beau temps</u> ?

5. Le guide a écouté **le monsieur de la météo**. <u>Qui est-ce que le guide a écouté</u> ?

2   On parle des vacances! (G 48) – *Füllt die Lücken mit unverbundenen Personalpronomen.*

Maman: <u>Moi</u>, j'ai envie d'aller à la montagne.

Fille et garçon: Oh, non! <u>Nous</u>, ça ne nous intéresse pas. Et toi papa?

Papa: Votre mère, <u>elle</u>, elle n'aime pas la mer ! Mais … <u>moi</u>, je n'aime pas trop la montagne.

Maman: <u>Toi</u>, tu es toujours d'accord avec <u>eux</u> !

Fille: Tu n'es pas sympa avec <u>lui</u>, maman. Pauvre papa!

Garçon: Alors, maman va à la montagne et nous partons sans <u>elle</u> !

Maman: Alors, je pars avec mes copines. Je m'amuse bien avec <u>elles</u> ! Ça va être génial sans <u>vous</u> !

3   Qu'est-ce qui se passe à l'hôpital? (G 50) – *Vervollständigt die Dialoge mit den Verben in der Auswahl.*

| s'amuser | se demander | se cacher | se promener | s'excuser | se lever |

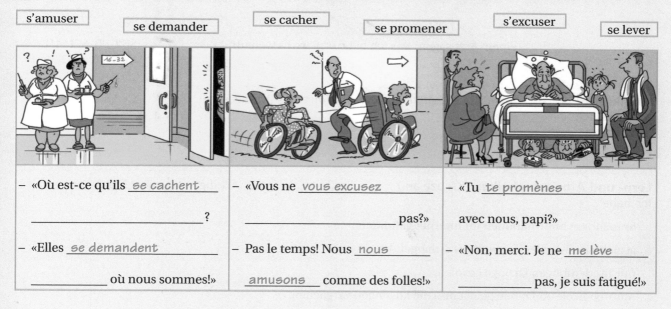

– «Où est-ce qu'ils <u>se cachent</u> _____ ?

– «Elles <u>se demandent</u> _____ où nous sommes!»

– «Vous ne <u>vous excusez</u> _____ pas?»

– Pas le temps! Nous <u>nous</u> <u>amusons</u> comme des folles!»

– «Tu <u>te promènes</u> _____ avec nous, papi?»

– «Non, merci. Je ne <u>me lève</u> _____ pas, je suis fatigué!»

4   Les verbes (G 49, 51) – *Kreist die Formen von* courir, construire *und* conduire *ein.*

condconstruiscours**couttrs**courezstrconduisezconstruisentcourt**couco**

ucourentconduis**consou**couronsconduisons**soncousons**conduit**co**

Das kann ich schon! → *nach L7–8*

Du hast in den ersten Lektionen schon eine Menge gelernt. Hier kannst du feststellen, wie fit du bist. Male die Ampeln an der passenden Stelle an. Wenn du dir nicht sicher bist, dann wiederhole noch einmal die Übung in der rechten Spalte.

Die Fertigkeiten, bei denen du „Das muss ich noch üben." angekreuzt hast, solltest du dir in den nächsten Wochen noch einmal genau vornehmen.

Selbsteinschätzung vom: _____
(Trage bitte hier das Datum ein.)

Klappt super!   Ich mache noch Fehler.   Das muss ich noch üben.

	Ich kann …		Übung im …
Sich auf Französisch verständigen	… die Broschüre einer Umweltorganisation lesen und verstehen.		CdA L 8, S. 75/Ex.5
	… den Lebenslauf meines Lieblingsstars beschreiben.		CdA L 7, S. 67/Ex.6
	… meine Meinung vertreten und Argumente nennen.		SB L 7, S. 100/Ex.8
	… Gespräche in einem Touristeninformationszentrum verstehen.		CdA L 8, S. 83/Ex.15
	… sagen und wiedergeben, was andere Personen gesagt haben.		CdA L 7, S. 65/Ex.2 CdA L 7, S. 66/Ex.4
	… Fragen für ein Interview stellen.		SB L 8A, S. 110/Ex.5
	… einem Arzt sagen, was ich habe und wo es weh tut.		SB L 8B, S. 114/Ex.3 CdA L 8, S. 81/Ex.10
Frankreich/ französisch-sprachige Länder	… mögliche Aktivitäten im Parc National des Pyrénées nennen.		CdA L 8, S. 84/Ex.14

Lern- und Arbeitstechniken (Kreuze an.) Ich habe …	häufig	manchmal	nie
… brauchbare Informationen im Internet gefunden.			
… gezielte Recherchen im Internet durchgeführt.			
… mit Tandembögen Dialoge gespielt.			
… Auto-contrôle-Aufgaben gelöst und die Lösungen verglichen.			
… französische Lieder gesungen und Gedichte oder Reime aufgesagt.			

Was ich für mein Sprachenlernen in nächster Zukunft häufiger tun will:

_____

Schau dir die Liste noch einmal an: Wähle aus dem ersten Bereich die Einträge aus, die du **grün** angemalt hast. Übertrage sie in die **dritte Tabelle** am Ende des *Cahier*.

12 **Pourquoi pas rester à Paris?**

– *Eine(r) übernimmt die Rolle von Emma, die/der andere die von Mme Carbonne.*
– *Die Sätze in den gelben Feldern müsst ihr jeweils ins Französische übertragen.*
– *Ihr kontrolliert euch gegenseitig mithilfe der französischen Vorschläge in den eckigen Klammern.*
– *Emma beginnt, dann fährt Mme Carbonne fort usw.*
– *Wechselt nach einem Durchgang die Rollen.*
– *Faltet den Bogen entlang der gestrichelten Linie.*

Emma n'est pas contente. Elle n'a pas envie de quitter Paris. Elle discute avec sa mère.

Emma	Mme Carbonne
1. Ich verlasse Paris **nicht**!	[1. Moi, je **ne** quitte **pas** Paris!]
[2. Je **ne** veux pas quitter Paris **non plus**.]	2. Ich möchte Paris **auch nicht** verlassen.
3. Und warum bleiben wir nicht in Paris?	[3. Et pourquoi est-ce qu'on ne reste pas à Paris?]
[4. Ici, il **n'** y a **plus de** travail pour papa.]	4. Es gibt hier **keine** Arbeit **mehr** für Papa.
5. Bist du schon in Toulouse gewesen?	[5. Tu as déjà été à Toulouse?}
[6. Non, je **n'ai pas encore** été à Toulouse. Mais c'est une jolie ville.]	6. Nein, ich war **noch nicht** in Toulouse. Aber es ist eine schöne Stadt.
7. Ich habe aber **absolut keine** Lust umzuziehen!	[7. Mais je **n'ai pas du tout** envie de déménager!]
[8. Et pourquoi pas?]	8. Und warum nicht?
9. Weil ich meine Freunde und meine Freundinnen **nicht mehr** sehen werde.	[9. Parce que je **ne** vais **plus** voir mes copains et mes copines.]
[10. Tu as déjà parlé avec tes copains et tes copines?]	10. Hast du mit deinen Freunden und deinen Freundinnen schon gesprochen?
11. Nein, **noch nicht**. Ich habe **nichts** gesagt. Aber du hast **auch keine** Lust, Paris zu verlassen.	[11. Non, **pas encore**. Je **n'ai rien** dit. Mais toi, tu **n'as pas non plus** envie de quitter Paris.]
[12. Je **n'ai jamais** dit ça.]	12. Das habe ich **nie** gesagt.
13. Ich werde Toulouse **niemals** mögen!	[13. Je **ne** vais **jamais** aimer Toulouse!]
[14. Un jour, tu vas aimer Toulouse.]	14. Eines Tages wirst du Toulouse lieben.

15 **Une copine pour Valentin**

- *Eine(r) übernimmt die Rolle von Stella, die/der andere die von Valentin.*
- *Die Sätze in den gelben Feldern müsst ihr jeweils ins Französische übertragen.*
- *Ihr kontrolliert euch gegenseitig mithilfe der französischen Vorschläge in den eckigen Klammern.*
- *Stella beginnt, dann fährt Valentin fort usw.*
- *Wechselt nach einem Durchgang die Rollen.*
- *Faltet den Bogen entlang der gestrichelten Linie.*

Valentin est un peu triste. Il n'a pas encore trouvé d'amis dans sa classe.

Stella	Valentin
1. Hallo, Valentin. Kann ich dich etwas fragen. Der Mathelehrer gibt uns immer blöde Aufgaben! Ich verstehe nichts!	[1. Salut, Valentin! Je peux te demander quelque chose? Le prof de maths nous donne toujours des exercices nuls. Je ne comprends rien.]
[2. Bien sûr, je vais t'aider! Tu veux venir chez moi ce soir après l'école?]	2. Klar, ich werde dir helfen! Willst du heute Abend nach der Schule zu mir kommen?
3. Ja … äh …	[3. Oui, euh …]
[4. C'est vrai?! C'est gentil. Je n'ai pas d'amis, les garçons de ma classe sont bêtes. Ils rigolent quand je parle.]	4. Wirklich?! Das ist aber nett. Ich habe keine Freunde, die Jungs in meiner Klasse sind doof. Sie lachen wenn ich spreche!
5. Das ist nicht witzig! Ich verstehe dich. Deine Familie und du, werdet ihr in Toulouse bleiben oder nach Paris zurückgehen?	[5. Ce n'est pas drôle! Je te comprends. Ta famille et toi, vous allez rester à Toulouse ou retourner à Paris?]
[6. Mon père a trouvé un travail ici. Nous devons rester à Toulouse.]	6. Mein Vater hat hier eine Arbeit gefunden. Wir müssen in Toulouse bleiben.
7. Hör auf, traurig zu sein, Valentin. Ich habe eine Idee: Mittwoch zeige ich dir die Stadt!	[7. Arrête d'être triste, Valentin. J'ai une idée: mercredi, je te montre la ville!]
[8. C'est génial! Merci, Stella, j'ai retrouvé le moral!]	8. Das ist genial! Danke Stella, ich habe wieder neuen Mut geschöpft!

9 **Ça ne va pas?**

- *Eine(r) übernimmt die Rolle von Thomas, die/der andere die von Anne.*
- *Die Sätze in den gelben Feldern müsst ihr jeweils ins Französische übertragen.*
- *Ihr kontrolliert euch gegenseitig mithilfe der französischen Vorschläge in den eckigen Klammern.*
- *Thomas beginnt, dann fährt Anne fort usw.*
- *Wechselt nach einem Durchgang die Rollen.*

Thomas rencontre Anne devant le collège. Elle est triste.

Thomas	Anne
1. Du fragst sie, warum sie traurig ist.	[1. Pourquoi est-ce que tu es triste?]
[2. Je ne suis pas triste, mais je suis en colère. Je voudrais aller à un match de foot avec mon copain, mais mes parents ne sont pas d'accord.]	2. Sie antwortet, sie sei nicht traurig sondern (aber) wütend. Sie möchte mit ihrem Freund zu einem Fußballspiel gehen, aber ihre Eltern sind nicht einverstanden.
3. Du willst wissen, warum ihre Eltern das nicht wollen.	[3. Pourquoi est-ce que tes parents ne le veulent pas?]
[4. Ils ont peur que je ne travaille pas assez pour l'école.]	4. Sie sagt, sie hätten Angst, dass sie nicht genug für die Schule arbeite.
5. Du findest das blöd. Dann sagst du, dass es dir auch nicht gut geht.	[5. Je trouve ça nul. Moi, ça ne va pas bien non plus.]
[6. Quels sont tes problèmes?]	6. Sie möchte wissen, welches deine Probleme sind.
7. Du erzählst, du wärst in ein nettes Mädchen verliebt, aber du hättest sie gestern mit einem anderen Jungen vor einem Geschäft gesehen.	[7. Je suis amoureux d'une fille sympa. Mais hier, je l'ai vue devant un magasin avec avec un autre garçon.]
[8. Je comprends tes idées noires, mais ce n'est pas grave. C'est peut-être son frère ou un cousin.]	8. Sie versteht deine düsteren Gedanken, aber sie meint, das sei nicht schlimm. Vielleicht sei es ihr Bruder oder ein Cousin.
9. Du meinst, vielleicht stimme das. Dann bist du zufrieden.	[9. C'est peut-être vrai. Alors, je suis content.]

16 Tu peux m'aider?

- *Eine(r) übernimmt die Rolle von Marco, die/der andere die von Adeline.*
- *Die Sätze in den gelben Feldern müsst ihr jeweils ins Französische übertragen.*
- *Ihr kontrolliert euch gegenseitig mithilfe der französischen Vorschläge in den eckigen Klammern.*
- *Marco beginnt, dann fährt Adeline fort usw.*
- *Wechselt nach einem Durchgang die Rollen.*
- *Faltet den Bogen entlang der gestrichelten Linie.*

Marco téléphone à Adeline.

Marco	Adeline
1. Du möchtest wissen, ob sie bereit ist für morgen. Du fragst sie, ob sie schon fertig ist, ihr Referat für den Naturkundeunterricht vorzubereiten.	[1. Tu es prête pour demain? Est-ce que tu as déjà fini de préparer ton exposé pour le cours de SVT?]
[2. Ouf! Quelle vie de chien. J'en ai marre de tous ces devoirs. Je suis en train de réfléchir à mon exposé, mais je n'ai pas beaucoup d'idées.]	2. Du stöhnst und beklagst dich, dass dies ein Hundeleben sei. Du sagst, du hast die Nase voll von diesen ganzen Hausaufgaben. Du bist gerade dabei über dein Referat nachzudenken, aber du hast nicht viele Ideen.
3. Du findest, es ist nicht einfach, Informationen über das Leben der Fledermäuse zu finden.	[3. Je trouve que ce n'est pas facile de trouver des informations sur la vie des chauves-souris.]
[4. Je sais que les autres de ma classe détestent les chauves-souris, mais je veux leur montrer des choses qui leur plaisent.]	4. Du sagst, dass du weißt, dass die anderen in deiner Klasse Fledermäuse hassen, aber du möchtest ihnen Dinge zeigen, die ihnen gefallen.
[5. Du sagst, dass sie ihnen erklären kann, wie die Fledermäuse in der Nacht fliegen (voler).]	[5. Tu peux leur expliquer comment les chauves-souris volent pendant la nuit.]
[6. C'est une bonne idée. Tu peux venir chez moi? Tu peux m'aider à choisir les photos et à trouver des informations sur Internet.]	6. Du sagst, dass es eine gute Idee ist und fragst ihn, ob er zu dir kommen kann. Er könnte dir helfen, die Fotos auszusuchen und Informationen im Internet zu finden.
7. Du bist einverstanden und sagst du kommst sofort. Du schlägst vor, Emma zu bitten auch zu kommen, weil es ihr gut gelungen ist, das Leben der Vögel vorzustellen.	[7. D'accord, je viens tout de suite. On peut aussi demander à Emma de venir. Elle a bien réussi à présenter la vie des oiseaux.]
[8. Je suis sûre qu'Emma vient nous aider. Elle sait bien présenter des choses devant la classe.]	8. Du bist sicher, dass Emma kommt, um euch zu helfen. Du sagst, dass sie Dinge gut vor der Klasse vorstellen kann.
9. Du sagst ihr, dass sie weiterarbeiten soll und dass du sie (=Emma) anrufst.	[9. Toi, tu continues à travailler, et moi, je lui téléphone.]

11 Dans un magasin

- *Eine(r) übernimmt die Rolle des Verkäufers/ der Verkäuferin, die/der andere des Kunden/ der Kundin (le client/la cliente).*
- *Die Sätze in den gelben Feldern müsst ihr jeweils ins Französische übertragen.*
- *Ihr kontrolliert euch gegenseitig mithilfe der französischen Vorschläge in den eckigen Klammern.*
- *Der Verkäufer/Die Verkäuferin beginnt, dann fährt der Kunde/die Kundin fort usw.*
- *Wechselt nach einem Durchgang die Rollen.*
- *Faltet den Bogen entlang der gestrichelten Linie.*

Le marchand / La marchande	Le client / La cliente
1. Du fragst nach dem Wunsch.	[1. Vous désirez, madame/monsieur.]
[2. Je voudrais un kilo de tomates et cinq pommes.]	2. Du hättest gerne 1 Kilo Tomaten und 5 Äpfel.
3. Du fragst, ob er/sie noch einen weiteren Wunsch hat.	[3. Et avec ça?]
[4. Il me faut encore du jus de tomate et de l'eau minérale.]	4. Du brauchst noch Tomatensaft und Mineralwasser.
5. Du fragst, wie viel Tomatensaft und wie viel Mineralwasser er/sie braucht?	[5. Combien de jus de tomate et combien d'eau minérale est-ce qu'il vous faut?]
[6. Je voudrais une bouteille de jus de tomate et quatre bouteilles d'eau minérale.]	6. Du hättest gerne eine Flasche Tomatensaft und vier Flaschen Mineralwasser.
7. Du fragst, ob er/sie noch etwas braucht. Vielleicht noch Mehl und Zucker?	[7. Est-ce qu'il vous faut encore quelque chose? Peut-être de la farine et du sucre?]
[8. Non merci, j'en ai encore assez.]	8. Du verneinst. Du hast noch genug (davon).
9. Du fragst, ob er/sie den neuen Wein probiert hat. Er ist köstlich und nicht teuer.	[9. Vous avez déjà goûté le nouveau vin? Il est délicieux et il n'est pas cher.]
[10. Alors, j'en prends deux bouteilles!]	10. Du nimmst also noch zwei Flaschen davon.
11. Du fragst, ob das alles ist.	[11. C'est tout?]
[12. Non, il me faut encore deux paquets de nouilles et du sel.]	12. Nein, du brauchst noch zwei Pakete Nudeln und Salz.
13. Du gibst den Preis an. Es kostet 55 Euro und 25 cents.	[13. Ça fait 55 euros et 25 centimes.]
[14. Je n'ai pas assez d'argent. Est-ce que je peux payer demain?]	14. Du hast nicht genug Geld. Du fragst, ob du morgen bezahlen kannst.
15. Du findest, das dies keine Katastrophe sei. Du verabschiedest und bedankst dich.	[15. Ce n'est pas une catastrophe. Merci et à demain!]
[16. C'est très gentil. Au revoir et merci.]	16. Du findest das sehr nett. Du verabschiedest und bedankst dich.

12 **Préparons la fête.**

- *Eine(r) übernimmt die Rolle von Jérémie, die/der andere die von Thomas.*
- *Auf die Fragen in den gelb unterlegten Feldern müsst ihr jeweils mit einem Imperativ antworten.*
- *Ihr kontrolliert euch gegenseitig mithilfe der Vorschläge in den eckigen Klammern.*
- *Jérémie beginnt, dann fährt Thomas fort usw.*
- *Wechselt die Rollen nach einem Durchgang.*
- *Faltet den Bogen entlang der gestrichelten Linie.*

Pendant la récréation, Jérémie discute avec Thomas. Thomas va fêter son anniversaire le 15 juillet.

Jérémie	Thomas
1. Je t'aide à préparer la fête ? [**Oui, aide-moi.** Il y a encore beaucoup de choses à faire.]	[1. **Oui, ~.** Il y a encore beaucoup de choses à faire.]
[2. **Non, ~.** Je dois rentrer vite.]	2. Je t'attends après l'école? [**Non, ne m'attends pas.** Je dois rentrer vite.]
3. Je téléphone à Pascal cet après-midi pour lui dire de venir aussi? [**Oui, téléphone-lui.** Il va sûrement nous aider.]	[3. **Oui, ~ .** Il va sûrement nous aider.]
[4. **Non, ~.** On va leur écrire.]	4. J'envoie un e-mail aux copains pour les inviter à la fête? [**Non, ne leur envoie pas d'e-mail.** On va leur écrire.]
5. Nous invitons Marc et Olivier? [**Oui, nous les invitons.** On rigole beaucoup quand ils sont là.]	[5. **Oui, ~.** On rigole beaucoup quand ils sont là.]
[6. **Non, ~.** Elle est bête.]	6. Nous invitons aussi Zoé? [**Non, ne l'invitons pas.** Elle est bête.]
7. J'apporte mes CD? [**Non, ne les apporte pas.** J'en ai assez.]	[7. **Non, ~.** J'en ai assez. Merci.]
[8. **Non, ~.** Nous avons assez de temps pour la faire après.]	8. Je fais déjà la mousse au chocolat pour le dessert? [**Non, ne la fais pas encore.** Nous avons assez de temps pour la faire après.]

12 Chez le médecin

- *Eine(r) übernimmt die Rolle des Arztes/der Ärztin, die/der andere des Patienten/der Patientin.*
- *Die Sätze in den gelben Feldern müsst ihr jeweils ins Französische übertragen.*
- *Ihr kontrolliert euch gegenseitig mithilfe der französischen Vorschläge in den eckigen Klammern.*
- *Der Arzt/Die Ärztin beginnt, dann fährt der Patient/die Patientin fort usw.*
- *Wechselt nach einem Durchgang die Rollen.*
- *Faltet den Bogen entlang der gestrichelten Linie.*

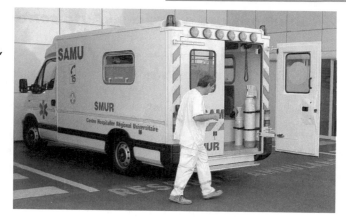

Le médecin / La femme médecin	Le patient / La patiente[1]
1. Du begrüßt den Patienten/die Patientin und fragst, was das Problem ist und was du für sie/ihn tun kannst.	[1. Bonjour, qu'est-ce qui ne va pas? Qu'est-ce que je peux faire pour vous?]
[2. J'ai grimpé dans les arbres et je suis tombé(e). Mon pied gauche me fait mal. Et j'ai aussi mal à la gorge.]	2. Du bist auf Bäume geklettert und du bist gefallen. Dir tut der linke Fuß weh. Und du hast auch Halsschmerzen!
3. Das findest du komisch. Du möchtest, dass er/sie dir den Unfall erzählt.	[3. C'est bizarre! Est-ce que vous pouvez me raconter l'accident?]
[4. J'ai la grippe depuis une semaine et mon copain/ma copine a passé beaucoup de temps avec mon voisin/ma voisine. Je suis monté(e) dans l'arbre pour les regarder.]	4. Du erzählst, dass du seit einer Woche Grippe hast und dass dein(e) Freund(in) viel Zeit mit deinem Nachbar/deiner Nachbarin verbracht hat. Du bist nun in den Baum geklettert, um sie zu beobachten.
5. Du willst dir nun den Fuß anschauen. Du fragst, ob es ihm/ihr weh tut!	[5. Bon, je vais regarder votre pied. Ça vous fait mal?]
[6. Aïe! Ça fait très mal. Est-ce que c'est grave?]	6. Du schreist laut, dass es sehr weh tut. Du willst wissen, ob es schlimm ist.
7. Du erklärst, dass der Fuß gebrochen ist. Du wirst ihm/ihr den Fuß eingipsen müssen.	[7. Votre pied est cassé. Je dois vous mettre un plâtre.]
[8. Est-ce que vous pouvez me donner des médicaments?]	8. Du fragst den Arzt/die Ärztin, ob er/sie dir Medikamente geben kann.
9. Du bejahst und fügst hinzu, dass du ihm/ihr auch Medikamente gegen die Grippe verschreiben wirst.	[9. Oui et je vous donne aussi des médicaments contre la grippe.]
[10. Quand est-ce que je vais pouvoir marcher?]	10. Du möchtest wissen, wann du wieder gehen kannst.
11. In drei Wochen.	[11. Dans trois semaines.]
[12. C'est très long! Qu'est-ce que je vais faire?]	12. Das findest du sehr lang! Du fragst dich, was du machen wirst.
13. Du sagst, er/sie soll aufhören, eifersüchtig zu sein! Das ist wohl sehr gefährlich, wie er/sie sieht.	[13. Il faut arrêter d'être jaloux/se. C'est très dangereux comme vous voyez.]

⟨Solutions des exercices «Auto-contrôle»⟩

Leçon 1

Exercice 1:   1. attendre, j'attends, nous attendons, ils attendent
2. dire, elle dit, vous dites, ils disent
3. envoyer, tu envoies, nous envoyons, ils envoient
4. comprendre, je comprends, il comprend, elles comprennent
5. commencer, tu commences, nous commençons, elles commencent
6. appeler, il appelle, nous appelons, elles appellent

Exercice 2:   1. Les Carbonne ont fait des photos.
2. Madame Salomon a joué au tennis.
3. Tu as fait du tir à l'arc.
4. Nous avons envoyé des SMS.
5. J'ai rigolé.

Exercice 3:   1. 78   2. 75   3. 81   4. 100   5. 71   6. 93   7. 82   8. 96

Exercice 4:   1. Est-ce que tu es content(e) d'être ici?
2. Les vacances ont passé vite!
3. On prend le train dans vingt minutes! Où sont mes affaires?

Exercice 5:   1. le départ ↔ l'arrivée
2. perdre ↔ trouver
3. demander ↔ répondre
4. l'été ↔ l'hiver
5. ici ↔ là-bas
6. acheter ↔ vendre

Leçon 2

Exercice 1:   a: la Joconde
b: 1. attendu   2. fait   3. perdu   4. ouvert   5. pris   6. plu   7. lu   8. dit

Exercice 2:   1. Emma a écrit à mamie.
2. Nous n'avons pas eu peur.
3. Vous n'avez pas appris les mots allemands.
4. J'ai été au collège.
5. Les enfants ont mis la poubelle devant la porte.

Exercice 3:   1. Nous voyons …
2. Il/Elle met …
3. Vous mettez …
4. Ils/Elles voient …

Exercice 4:   Thomas
1. On va dans le square?
3. Mais il ne fait pas du tout froid. On prend un parapluie.
5. Moi non plus. On fait d'abord nos devoirs et après on va au cinéma.

Victor
2. Non, je n'ai pas envie. Il pleut.
4. Pas maintenant. Je n'ai pas encore fait mes devoirs. Et toi?
6. D'accord.

Exercice 5:   1. 853   2. 114   3. 675   4. 380   5. 270   6. 731   7. 912   8. 216

Leçon 3

Exercice 1: 1. weggehen – tu pars – nous partons – ils partent – ils sont partis
2. schlafen – je dors – vous dormez – on dort – elle a dormi
3. hinausgehen – il sort – nous sortons – elles sortent – elle est sortie
4. erhalten – je reçois – vous recevez – ils reçoivent – elles ont reçu
5. müssen – tu dois – nous devons – elles doivent – ils ont dû
6. kommen – elle vient – vous venez – ils viennent – elles sont venues

Exercice 2: Manon et Emma sont allées à l'école ensemble. Dans la cour, Emma n'a pas joué, elle a fait la tête. Après l'école, les sœurs sont revenues ensemble. Valentin a pris le bus parce qu'il est rentré à cinq heures. Madame Carbonne est restée à la maison. Elle a dû préparer le repas parce qu'elle a reçu la visite des voisins.

Exercice 3: 1. Lisa et Marie sont arrivées à 17 heures.
2. Mes parents ne sont pas restés. Ils sont sortis à 17h30.
3. Les bouteilles sont tombées à 18 heures.
4. Mes parents sont revenus à 18h30. Ma mère est entrée dans la cuisine à 18h32.
5. Mes copains sont partis à 18h34.

Exercice 4: 1. La musique ne vous intéresse pas?
2. Ma mère nous comprend.
3. Je t'envoie mes photos.
4. Elle m'invite souvent.

Exercice 5: 1. Hier, elle a dû m'appeler.
2. Demain, ils vont nous montrer Toulouse.
3. Nous ne pouvons pas vous inviter.
4. Je dois te demander une chose.
5. Vous devez me donner votre adresse.

Leçon 4

Exercice 1: 1. kennen – connaître – elle connaît – nous connaissons – tu as connu
2. gefallen – plaire – tu plais – il plaît – ils ont plu
3. leben – vivre – nous vivons – ils vivent – il a vécu

Exercice 2: 1. Elle ne les trouve pas.
2. Il ne l'intéresse pas.
3. Oui, je la connais.
4. Non, nous ne l'avons pas acheté. C'est trop cher.
5. Emma le trouve sympa.

Exercice 3: 1. Voilà le nouveau collège où Emma va maintenant.
2. Cécile est une belle fille que tout le monde trouve sympa.
3. La famille qui habite à côté des Carbonne vient d'Italie.
4. Voilà le vieux stade où Fabien joue au rugby.
5. Mme Carbonne a trouvé un nouveau travail qui est intéressant.
6. Voilà les nouvelles photos qu'Emma envoie aux copains de Paris.

Exercice 4: **Cécile**
1. J'adore ce magasin.
2. Regarde ces jolis quartiers.
3. J'aime bien cette rue où tu habites.
4. Tu vois cet arbre là-bas? J'aime ce square.
5. Dans ce cinéma on montre des bons films.

Emma
1. Dans quels magasins est-ce que tu achètes tes vêtements?
2. Dans quel quartier est-ce que tu habites?
3. Toi, tu habites dans quelle rue?
4. Quel arbre? Le square à côté de l'entrée de l'école?
5. Quelles actrices est-ce que tu adores?

Solutions

Leçon 5

Exercice 1:
1. Quand je veux parler à mes copains, je leur téléphone.
2. Quand mon petit frère ne comprend pas son devoir, je lui explique l'exercice.
3. Quand j'ai acheté un cadeau pour mon copain, je ne lui dis rien.
4. Quand mes copines me racontent des bêtises, je ne leur réponds pas.

Exercice 2:
1. Céline a acheté un CD et le montre à Marc.
2. Ils l'écoutent, mais Marc ne l'aime pas.
3. Après, Céline lui montre des photos de Dakar.
4. Les autres copains veulent aussi voir les photos. Alors, elle leur téléphone et les invite à venir à la maison.
5. Sa correspondante allemande est aussi là. Les copains la connaissent déjà, alors elle ne la présente pas aux copains.

Exercice 3:
Patrick est triste. Il a eu une mauvaise note en allemand. Pourquoi? Il ne comprend pas!
Il a regardé tout le livre. Il a travaillé toute la semaine, il a fait tous les exercices et tous les devoirs, il a appris toutes les leçons et compris tous les mots. Il n'a plus envie de faire de l'allemand.
Mais sa mère lui dit: «Ce n'est pas grave. Ça arrive. La prochaine fois, tu vas avoir plus de chance.»

Exercice 4:
1. nous finissons
2. je/tu réfléchis
3. il/elle applaudit
4. vous choisissez
5. je/tu réussis
6. nous applaudissons

Exercice 5:
1. Isabelle vient de perdre son porte-monnaie.
2. Les garçons sont en train de jouer au foot.
3. Anne est en train de dormir.
4. Marco va être en retard.

Leçon 6

Exercice 1:
1. trinken, tu bois, nous buvons, ils boivent, ils ont bu
2. lieber tun, il préfère, nous préférons, elles préfèrent, elle a préféré
3. bezahlen, tu paies, vous payez, elles paient, ils ont payé
4. essen, elle mange, nous mangeons, ils mangent, elles ont mangé

Exercice 2:
Une bouteille de champagne, deux kilos de pommes de terre, un canard, une baguette, du pain, des bougies, des tomates, du fromage, un paquet de farine, trois bouteilles d'eau minérale.

Exercice 3:
1. J'en ai acheté six.
2. J'en ai pris une.
3. Il en faut 500 grammes.
4. Oui, il en a acheté beaucoup.
5. Non, il ne nous en faut pas.

Exercice 4:
1. Emma n'aime que les bananes.
2. Emma ne range jamais sa chambre.
3. Emma n'invite personne.
4. Emma ne joue plus avec son chien.
5. Emma n'a pas encore de copain.

Exercice 5:
1. Il ne faut pas boire trop de vin.
2. Il lui manque deux euros.
3. Pendant ce temps, nous rangeons.
4. La vie est difficile sans argent.

Leçon 7

Exercice 1:
1. *Luc:* «Je peux t'inviter à aller au cinéma avec moi?»
2. *Aurélie:* «Je ne peux pas parce que j'ai un cours de piano.»
3. *Aurélie:* «Mais, je vais peut-être avoir le temps samedi.»
4. *Aurélie:* «Mon cousin Marco a aussi envie de venir.»
5. *Luc:* «Alors, cela ne m'intéresse pas.»

Exercice 2:
1. Isabelle demande à Mme Blin si elle peut parler à Magali.
2. Isabelle veut savoir quand Magali revient.
3. Isabelle demande si elle est allée au collège.
4. Isabelle veut savoir à quelle heure elle peut téléphoner à Magali.
5. Isabelle demande si Mme Blin peut lui dire de l'appeler.

Exercice 3:
1. Ne l'aide pas.
2. Ne me téléphone pas.
3. Ne leur écrivez pas.
4. Ne l'achetez pas.
5. Ne les attendez pas.
6. Ne lui montre pas cet exercice.

Exercice 4:
1. tu crois
2. il croit
3. ils croient
4. nous croyons
5. vous croyez
6. j'ai cru

Exercice 5:
1. *Léa:* Zoé, tu crois que le concert va nous plaire?
2. *Zoé:* Ça va être génial! 5.000 fans vont venir! Nous ne devons pas arriver en retard!
3. *Victor:* Moi, je vais être le premier! Je n'ai encore jamais été à un concert!
4. *Marc:* Tu parles! Tu as oublié qu'on a été au concert devant le Capitole en 2007!
5. *Victor:* Ah oui! Mais la musique, quelle horreur! Mais si je vais à un concert de mon groupe préféré, je dois être devant la tribune.

Leçon 8

Exercice 1:
1. Qu'est-ce qu'on entend?
2. Qu'est-ce qui se lève?
3. Qu'est-ce que les nuages apportent?
4. Qui est-ce qui a annoncé du beau temps?
5. Qui est-ce que le guide a écouté?

Exercice 2:
1. *Maman:* Moi, j'ai envie d'aller à la montagne.
2. *Fille et garçon:* Oh, non! Nous, ça ne nous intéresse pas. Et toi papa ?
3. *Papa:* Votre mère, elle, elle n'aime pas la mer! Mais… moi, je n'aime pas trop la montagne.
4. *Maman:* Toi , tu es toujours d'accord avec eux!
5. *Fille:* Tu n'es pas sympa avec lui, maman. Pauvre papa!
6. *Garçon:* Alors, maman va à la montagne et nous partons sans elle!
7. *Maman:* Alors, je pars avec mes copines. Je m'amuse bien avec elles! Ça va être génial sans vous!

Exercice 3:
1. «Où est-ce qu'ils se cachent?
   «Elles se demandent où nous sommes!»
2. «Vous ne vous excusez pas?»
   «Pas le temps! Nous nous amusons comme des folles!»
3. «Tu te promènes avec nous, papi?»
   «Non, merci. Je ne me lève pas, je suis fatigué!»

Exercice 4:
1. je/tu construis
2. je/tu cours
3. vous courez
4. vous conduisez
5. ils/elles construisent
6. il/elle court
7. ils/elles courent
8. je/tu conduis
9. nous courons
10. nous conduisons
11. il/elle conduit

Hörverstehensübungen: Texte der Tonaufnahmen

Leçon 1:

Exercice 7: Ecouter: Allô? (Track 15)

Dialogue 1: (Track 15)
Dame 1: Allô, bonjour, madame. Je voudrais avoir des informations sur votre centre de vacances.
Dame 2: Oui, madame. Nous avons beaucoup d'activités : le tir à l'arc, le vélo ou le canoë.
Dame 1: Euh … oui, mais mes enfants n'aiment pas le sport. Ils préfèrent le théâtre et la photo.
Dame 2: D'accord, alors je vais préparer des informations pour vous, madame. Est-ce que je peux avoir votre adresse, s'il vous plaît.
Dame 1: Oui, bien sûr, alors, je suis madame Bouteille, j'habite 7 rue du petit pont, 75005 Paris.
Dame 3: Parfait, merci. Alors, à bientôt, madame.
Dame 1: Merci, madame. Et au revoir.

Dialogue 2: (Track 16)
Moniteur: Allô. Bonjour, monsieur Pezenas. C'est Bruno, le moniteur du centre de vacances.
M. Pezenas: Ah oui, bonjour, Bruno. Qu'est-ce je peux faire pour vous?
Moniteur: Voilà, une jeune fille cherche son portable depuis deux jours. Elle s'appelle Emma et elle va souvent dans votre magasin. Alors, peut-être …
M. Pezenas: Ah oui! Elle prend souvent des petits cadeaux pour ses copains! Ecoutez, je vais regarder dans le magasin. Il est comment, son portable?
Moniteur: Il est rouge.
M. Pezenas: Bon, d'accord. Je cherche et je vous téléphone. A bientôt.
Moniteur: A bientôt, et merci.

Dialogue 3: (Track 17)
Dame: Camping d'Aubenas, bonjour.
M. Schmidt: „Camping"? Ach ja, camping, richtig ! äh … bonchour, che suis M. Schmidt. Che foudrais Informationen pour Aktivitäten de vacances, s'il te plaît.
Dame: Oui, monsieur Schmidt. Je vous écoute.
M. Schmidt: Che veux faire Kanu. C'est possible chez fous, dans ton camping.
Dame: Kanu?
M. Schmidt: Kanu, c'est … dans le äh … Wasser, äh …
Dame: Ah, du canoë. Oui, nous avons 14 canoës ici et aussi des moniteurs.
M. Schmidt: C'est très bien. Alors, che prends vacanzes chez fous en été. Quatre personnes pour une semaine, 16 à 22 juillet.
Dame: C'est noté! Alors, à bientôt, monsieur. Et merci.
M. Schmidt: Je dis merci aussi, madame. Au revoir.

Dialogue 4: (Track 18)
Julien: Marc? Salut, c'est Julien.
Marc: Salut, Julien!
Julien: Dis, est-ce que tu as envie d'aller au cirque demain à 15 heures?
Marc: Le cirque, bof, c'est pour les petits enfants! Et, les animaux dans les cirques, je trouve que c'est grave.
Julien: Dans le cirque « Gonzo », il n'y a pas d'animaux. Mais il y a un clown très drôle! C'est moi!
Marc: Ah, tu fais du cirque! Alors, je suis d'accord. Je vais prendre ma caméra et faire une vidéo.
Julien: Super! Alors, à demain, Marc.
Marc: Salut! A demain!

Leçon 2:

Exercice 7: Ecouter: Les trains en France et en Allemagne (Track 27)

Le TGV peut faire 320 km/h. Le TGV va aussi à Lille, une ville en France. Lille est à 218 km de Paris.
Mais, le TGV entre Lille et Paris roule à 300 km/h. Le billet coûte 33 €.
En Allemagne, le ICE de Berlin à Hambourg roule à 230 km/h. Le billet coûte 62 €.

Exercice 10: Jeu de sons (Track 28)

[e] – déménager – la région – la Géode – la météo
[ɛ] – la tête – le sketch – Airbus – la Villette – le kilomètre

Exercice 11: Ecouter: Le temps (Track 29)

1. A Paris, il fait froid, mais beau. Alors, on met un pantalon chaud et on va se promener avec des copains. Demain, il va aussi faire froid.

2. A Toulouse, il fait 25 degrés. Il fait beau parce qu'il y a du soleil. Alors, je mets mon casque et je fais du roller dans la rue. Mais demain, nous n'allons pas être contents parce qu'il va pleuvoir.

3. A Berlin, il fait froid et il pleut. Alors, on reste à la maison, on écoute de la musique ou on va au cinéma. Ce n'est pas mal. Mais demain, on va avoir du soleil, et il ne va plus faire froid.

4. A Nancy, il ne fait pas mauvais temps. Il y a du soleil, mais il ne fait pas chaud. Il fait 10 degrés. J'aime ce temps. On ne peut pas jouer dans le jardin, mais on joue dans la rue avec des copains. Demain, il va faire beau.

Leçon 3

Exercice 12: Ecouter: A la gare. (Track 42)

Dialogue 1: (Track 42)
Fille: Regarde maman, voilà la voie numéro 2. Mais le train pour Nancy n'est pas encore là?
Mère: Oui, c'est bizarre! Il est 9h25 et il doit partir à 9h30! Tu as bien regardé les horaires, hier?
Fille: Mais oui, j'ai cherché sur Internet les horaires Paris-Nancy. Regarde, voilà le papier.
Mère: Ah non! Pas ça! Tu as cherché pour le samedi 3 juin! Et aujourd'hui, nous sommes dimanche!
Fille: Oh, je suis désolée, maman! Mais il y a peut-être un autre train?
Mère: Oui, peut-être! Bon, je vais demander au monsieur et toi, tu téléphones à ton père.
Je pose le grand sac à dos rouge ici, alors ne pars pas. Tu m'attends là!

Dialogue 2: (Track 43)
Père: Regardez, voilà le train d'Aubenas, il n'est pas en retard!
Hugo: Grand-mère arrive, grand-mère arrive!
Petite fille: Hugo, tu n'as pas oublié le poème pour grand-mère?
Hugo: Mais non, je le sais par cœur ! Papa, demain, on montre Paris à mamie?
Père: Oui, oui, mais attendez un peu! Elle n'est pas encore descendue?
Hugo: Papa, regarde le gros chien! Il est …
Père: Les chiens ne m'intéressent pas, je cherche mamie!
Petite fille: Oui, mais regarde papa, le chien est avec mamie!
Mamie: Bonjour, mes chéris, voilà César, mon chien, il ne me quitte plus!
Père: Quelle horreur!

Dialogue 3: (Track 44)
Mère: Mes enfants, aujourd'hui, c'est le grand jour!
Alex: Le grand jour! On quitte notre ville, nos amis et tu appelles ça un grand jour!?
Moi, je ne veux pas aller à Paris, c'est trop nul!
Jeanne: Alex a raison. Il ne fait jamais beau à Paris et les gens ne sont pas sympas.
Père: Vous faites toujours la tête, je ne vous comprends pas. Paris, c'est la capitale! Ah, voilà notre train, voie 12.
Mère: Vous êtes tristes, je vous comprends. Nous aussi, nous quittons nos amis. Mais j'ai trouvé un travail au Louvre et pour moi, c'est un rêve! Ça aussi c'est important, vous ne trouvez pas?

Leçon 4

Exercice 12: Jeu de sons (Track 58)

[o]: le piano – le gâteau – l'hôpital – le métro – la vidéo – la photo – le sac à dos – le vélo
[ɔ]: le soleil – la gomme – l'ordinateur – le pilote – le policier – le professeur – la robe – la porte

Exercice 14: Ecouter: Quelle surprise! (Track 59)

Narratrice: Anne et Céline veulent rencontrer Isabelle qui est une nouvelle élève de leur classe. Elle habite dans un petit village près de Toulouse, et elle a écrit sur un papier comment on trouve le chemin pour aller à sa maison, rue des Ecoles. Les filles prennent le train et descendent à la gare. Mais Anne a oublié le papier à la maison, et maintenant, elles ne savent pas où aller. Anne demande à un monsieur:
Anne: Pardon, monsieur, nous cherchons la rue des Ecoles. Vous savez où c'est?
Monsieur: Je ne sais pas, je suis désolé. Je ne suis pas d'ici. Demandez à la dame, là-bas.
Anne: Merci, monsieur. – Bonjour, madame. Vous connaissez la rue des Ecoles, s'il vous plaît?
Dame 1: Ah oui, attendez: D'abord, vous allez tout droit. Puis, vous prenez la première rue à gauche et puis la première rue à droite. A gauche, il y a un cinéma. Vous traversez la rue de Paris.

Puis vous passez devant un petit magasin, et là, vous tournez à droite. Vous continuez tout droit. Après deux kilomètres, vous arrivez à la rue des Ecoles.

Céline: Mais c'est loin! Est-ce qu'on ne peut pas prendre le métro ou le bus?

Dame 1: Mais il n'y a pas de métro dans ce village! Vous pouvez prendre le bus numéro 62, et vous descendez à la poste.

Dame 2: Moi, j'habite dans la rue des Ecoles. Vous cherchez quel numéro?

Anne: Nous voulons voir une amie qui habite au numéro 12.

Dame 2: Quelle surprise! Vous devez être les copines de ma fille Isabelle qui vous attend déjà. Alors, venez avec moi et montez dans ma voiture.

Céline: Nous avons de la chance! Merci, madame.

Leçon 5

Exercice 8a: Jeu de sons (Track 69)

[i] – ski – midi – arriver – signer – guitariste

[ɥi] – trente-huit – parapluie – nuit – tout de suite – lui

Exercice 9: A la cantine (Track 70)

Emilie: Ecoute, Léa, ça sonne. C'est la fin du cours de géo. Enfin! J'en ai marre de ce cours. Ce n'est pas intéressant. Vite, on descend à la cantine pour trouver une bonne place.

Léa: Ah oui, alors, vite, vite. Tu penses qu'on va avoir des choux de Bruxelles comme la dernière fois? Je les déteste.

Emilie: Moi, je les aime bien. Mais je n'aime pas du tout les gratins, … euh, je veux dire les gratins qu'on mange à la cantine. Quand mon père fait un gratin, c'est super, mais il n'a pas souvent le temps de le faire. Ma mère, elle, fait un très bon cassoulet.

Léa: Tu trouves qu'on mange bien dans cette cantine?

Emilie: Oui, je pense que les repas ne sont pas mauvais. J'aime bien les nouilles, par exemple.

Léa: Les nouilles, ça va. Mais le reste, … beurk!

Emilie: Mais souvent, nous avons des bons desserts, tu ne trouves pas? Des mousses au chocolat, des crêpes ou des choux à la crème …

Léa: C'est vrai. Mais quand on arrive trop tard à la cantine, il n'y en a plus. Les garçons ont déjà tout mangé.

Emilie: Oui. Alors vite! J'ai faim!

Leçon 6

Exercice 7: Ecouter: Les petits-enfants arrivent (Track 06)

Scène 1: (Track 06)

Marchand: Bonjour, monsieur Pépin, comment ça va! Il ne fait pas chaud ce matin.

M. Pépin: Ah, ça non! L'hiver commence déjà!

Marchand: Alors, qu'est-ce que je vous mets aujourd'hui? Des oranges pour les vitamines?

M. Pépin: Ah oui, c'est une bonne idée, les oranges. Ma femme n'en mange pas, mais j'en prends 1 kilo.

Marchand: Très bien! Et avec ça?

M. Pépin: Donnez-moi aussi 4 belles bananes.

Marchand: Des bananes, voilà! Pas de légumes aujourd'hui, monsieur Pépin?

M. Pépin: Si, si, je voudrais 2 kilos de pommes de terre pour faire des frites. Mes petits-enfants arrivent demain. Et c'est tout.

Marchand: Parfait. Alors, ça fait … 8 euros et 30 centimes, s'il vous plaît.

Scène 2: (Track 07)

Marchande: Alors, c'est à qui?

Une dame: C'est à moi!

M. Pépin: Excusez-moi, madame, mais j'attends depuis 10 minutes. Vous venez d'arriver, vous êtes derrière moi!

Dame: Quoi, euh … mais, ah bon …

M. Pépin: Alors, je vais prendre 12 œufs et 500 grammes de beurre.

Marchande: Ouh là là, monsieur Pépin! Qui va manger tout ça?

M. Pépin: Je veux faire un bon gâteau pour mes petits-enfants. Ils passent le week-end à la maison.

Marchande: Ah, je comprends! Et avec ça? Un litre de bon lait pour les petits, peut-être?

M. Pépin: Ah, je suis désolé, mais ils n'aiment que le lait du supermarché! Ce ne sont pas des enfants de la campagne. Mais je vais prendre du fromage.

Marchande: Qu'est-ce que je vous donne?

M. Pépin: Un gros camembert, s'il vous plaît. Et c'est tout. Ça fait combien?

Marchande: Alors, ça fait …10 euros 20, s'il vous plaît.

Scène 3: (Track 08)

M. Pépin: Alors, pour faire le gâteau, deux paquets de farine, du sucre et 3 bouteilles de lait …

Albert: Tiens, Thomas? C'est drôle, on se rencontre tous les samedis pendant les courses! Ta femme n'est pas là?

M. Pépin: Salut, Albert. Non, elle range la maison, les petits-enfants arrivent demain.

Albert: Tous les six?

M. Pépin: Oui! Ça ne pas va pas être un week-end de vieux! J'espère que je n'ai rien oublié!

Albert: Ecoute, s'ils ont très faim, tu leur donnes des nouilles. Tous les enfants aiment ça!

M. Pépin: C'est une bonne idée. Alors Albert, à bientôt!

Albert: Salut, Thomas et bon week-end!

Exercice 16: Ecouter: Bon appétit (Track 09)

Dialogue 1: (Track 09)

Femme: Tu as encore faim, tu es sûr? Après le gratin de pommes de terre et le canard au vin?

Homme: Ce dessert est fantastique, délicieux! Et puis, c'est mon anniversaire non?

Femme: Oui, mais … écoute, il faut faire attention! Dix kilos depuis l'année dernière, c'est beaucoup.

Homme: Tu ne m'aimes plus, ma chérie!? Je ne suis plus assez beau pour toi avec mes 45 ans et mes 90 kilos?!
   Alors, écoute, demain, c'est oranges et eau minérale. Mais aujourd'hui, est-ce que je peux finir mon dessert?

Femme: Mais oui!

Homme: Tu veux peut-être goûter? … Mais pas trop, d'accord. Il n'y en a plus beaucoup.

Dialogue 2: (Track 10)

Serveur: Alors, comme boissons, qu'est-ce que vous désirez?

Femme: Trois jus d'oranges et …

Fille: Je n'aime pas le jus d'orange! Je préfère du jus de tomates!

Serveur: Nous n'en avons pas, je suis désolé.

Fille: Alors, je ne bois rien.

Père: Oh non, Hector, le verre! Quelle catastrophe!! Alors, nous allons prendre une autre bouteille de vin,
   s'il vous plaît.

Serveur: Donc, 2 jus d'oranges, une bouteille de vin …

Femme: … et une bouteille d'eau minérale, s'il vous plaît.

Garçon: Ouiiinnn, je n'aime pas le restaurant, je veux rentrer à la maison!

Dialogue 3: (Track 11)

Grand-mère: A ta santé, Thomas!

Père: Oui, à ta santé, papa. Bon anniversaire!

Fils 1: Grand-père, il manque des bougies et un gros gâteau …

Grand-père: Oh, les bougies, elles ne me manquent pas: 75 bougies, c'est trop! Mais le gâteau …

Grand-mère: Le gâteau va arriver! Nous avons demandé un super gâteau au chocolat avec des fruits rouges.

Grand-père: Vous êtes des amours.

Fils 2: Et ton cadeau, il faut l'ouvrir!

Grand-père: Il est très petit, non!

Fils 1: Oui, mais avec lui, tu vas pouvoir partir très loin!

Mère: Chut! Ne dites rien! C'est une surprise. Allez, ouvre!

Leçon 7

Exercice 15: Ecouter: Interview avec une star (Track 22)

Anna: Bonjour, madame, vous êtes bien Valériana, n'est-ce pas? J'ai vu votre photo dans le journal. Est-ce que
   vous êtes d'accord que je vous pose quelques questions? Je voudrais écrire un article sur vous dans le journal
   de mon collège.

Valériana: Oui, allez-y. Mais je n'ai pas beaucoup de temps.

Anna: Merci, madame. Je vais vous poser cinq ou six questions. Ça va très vite. Je voudrais d'abord savoir
   si Valériana est votre vrai nom.

Valériana: Oui, Valériana, c'est mon prénom. Je m'appelle Valériana Dodolina.

Anna: Quand est-ce que vous êtes née?

Valériana: Je suis née le 10 mars 1978 à Paris.

Anna: Est-ce que vos parents sont aussi musiciens?

Valériana: Non. Ma mère est professeur et mon père écrit des livres. Alors, j'ai toute seule eu l'idée de faire
   de la musique.

Anna: Est-ce que vous avez toujours été chanteuse?

Valériana: Non, d'abord, j'ai fait des études à Paris, mais j'ai très tôt commencé à chanter.

Anna: Quand est-ce que vous avez sorti votre premier album?

Valériana: Je l'ai sorti le 23 septembre 2002. Depuis, j'ai vendu beaucoup de CD: 500000 en 2005.
Anna: J'ai lu que vous avez aussi reçu des prix.
Valériana: Oui, c'est vrai. J'ai reçu deux prix, en 2005 et en 2006. Depuis, je donne beaucoup de concerts.
Anna: Vous aimez les chansons françaises?
Valériana: Oui, j'aime la musique traditionnelle mais aussi le pop.
Anna: C'est vrai que vous avez aussi fait du cinéma?
Valériana: Oui, en 2001, j'ai joué une chanteuse.
Anna: Merci pour cette interview.

Leçon 8

Exercice 15: Ecouter: A l'office de tourisme de Toulouse (Track 36)

Dialogue 1: (Track 36)
– Bonjour, madame.
– Bonjour, qu'est-ce que je peux faire pour vous?
– Nous sommes arrivés à Toulouse ce matin. Qu'est-ce que nous pouvons visiter?
– Eh bien, allez à la Cité de l'Espace. Ça intéresse beaucoup les jeunes.
– Et comment est-ce qu'on y va?
– Vous prenez le bus 37 qui part du métro Jolimont.
– Est-ce que vous avez les prix d'entrée?
– Vous avez quel âge?
– 15 et 17 ans.
– Alors, c'est 13 € par personne.
– C'est ouvert toute la journée?
– Au mois d'août, c'est ouvert de 9 heures à 19 heures.
– Merci beaucoup, madame. Et au revoir.
– Je vous en prie, monsieur. Au revoir.

Dialogue 2: (Track 37)
– Dis donc, Jacqueline, je suis fatigué. Il fait chaud, on a beaucoup marché, on a assez vu de choses.
  J'aimerais faire une petite halte.
– Tiens, Yves, derrière le Capitole, il y a l'office de tourisme. On va leur demander s'il y a un parc tout près d'ici.
– D'accord, très bonne idée. Allez, on y va.
– Bonjour, madame, on a fait la visite de la ville et on est fatigués. Est-ce qu'il y a un parc pas loin d'ici?
– Il y a de beaux parcs à Toulouse, au bord de la Garonne par exemple. Mais il y a beaucoup de monde.
  Mais, allez au Canal du Midi. C'est très bien. Ce n'est pas loin d'ici, il y a des arbres, des bancs.
  Vous pouvez aussi mettre les pieds dans l'eau.
– Comment est-ce qu'on y va?
– Vous prenez la rue La Fayette jusqu'à la place Wilson, puis vous tournez à gauche et vous prenez l'Allée
  Jean Jaurès. Après c'est tout droit.
– Merci, madame.
– Au revoir, monsieur. Au revoir, madame.

Dialogue 3: (Track 38)
– Frag doch mal die Dame dort, Hans.
– Excusez-moi, madame. Nous sommes arrivés en Airbus à Toulouse et nous voulons visiter Airbus-France.
  Est-ce possible?
– Mais bien sûr. C'est très intéressant.
– Ça se trouve où?
– Regardez, ici sur le plan. Ce n'est pas très loin. C'est 10, avenue Guynemer à Colomiers.
– La visite se passe comment?
– Eh bien, la visite dure une heure et demie. Vous faites un tour en bus. Vous voyez les halls de fabrication et
  on vous montre un film sur le site et la fabrication de l'Airbus.
– Nous sommes arrivés à Toulouse avec un Airbus A 330. Est-ce qu'on le construit ici?
– Bien sûr, et en plus l'A 340 et bientôt l'A 380.
– Très bien, merci beaucoup, madame.
– De rien, monsieur. Bonne route.